組織を強くする
技術の伝え方

畑村洋太郎

講談社現代新書

1870

はじめに

世の中のいろいろな事柄を見ていると、昔の技術がいろいろなところに影響を与えていることに気づかされます。私は以前から「ゼロからつくる」ということに非常に関心があるので、分野を問わずさまざまな技術を見てきましたが、多くの技術が長い時間をかけて人間の生活に大きな影響を与えていることがわかります。

そこで、大学の研究室の仲間や教え子たちと協力して刊行してきた「実際の設計」シリーズ（日刊工業新聞社）の中で、そうしたいまに伝わる昔の技術をまとめて「先例に学ぶ」と「先人に聞く」というテーマの本をつくろうとしました。

ところが、実際に技術の現場を訪れ、そこでいろいろな人と議論をしているうちに、この考えは変わってしまいました。それは一言でいえば、「『先例に学ぶ、先人に聞く』というよりも、いま大切なのは『本当の技術を伝えるためにはどうすればよいか』を考えることではないか」と思うようになったのです。

二〇〇七年から始まる団塊の世代の大量退職により、技術が次代に伝わらないといういわゆる「二〇〇七年問題」がクローズアップされていますが、それ以前から組織内で培ってきたすぐれた技術をいかに伝えていくかが各企業で大きな問題になっているのです。

技術は、要求される機能や制約条件の変化によって、時代とともにダイナミックに変化します。しかしその本質部分がきちんと伝わらないと、大きな変化にも対応ができないのです。だからこそいま必要なのは、「技術を伝える」ということについて徹底的に考え尽くすことではないかと思ったのです。

こうして考えを変え、さまざまな技術の伝達が行われている現場をあらためて訪れ、仲間と議論を繰り返すことで『実際の設計第6巻——技術を伝える』(日刊工業新聞社)という本は完成しました。そして本書は、これをベースにしてさらに検討を行い、「技術を伝える」ということに関して私の考え方を再構築したものなのです。

世の中では一般的に、「技術を伝える」ことを「伝承」といっています。しかし、私が本書で示している考え方には、「伝承」ではなく「伝達」という言葉を使うのが適当だと思います。「伝承」という言葉には、時間をかけて確立されたものが世代を超えて変わることなく引き継がれるというイメージがあります。しかし、受け継がれた技術は「絶対に変えてはいけない」ということはないからです。

むしろ技術というのは、周囲の状況や制約条件の変化に応じて変えるべきです。だいたい「絶対に変えてはいけない」という足かせをはめられたら、これを引き継ぐ後世の人たちは本当の意味でその技術を生かすことができなくなってしまいます。

なお、「技術を伝える」ということに関して私が考えているのは、「世代を超えて受け継がれる」という状況だけではありません。「異動の際」「ある場所から別の場所」「分野をまたぐ」などの場面での「伝える」ことも当然含みます。その意味からも本書がテーマとしている「技術を伝える」のイメージは、やはり「伝承」ではなく「伝達」とするのが適当です。

本書の中で書かれていることは、自分が持っている技術を「伝えたい」と考えている人たちに必ず役立つものであると信じています。もちろんこれは、それとは逆に、先人・先輩が持っている技術を「自分のものにしたい」と考えている人にとっても活用できるものです。

昔から人間社会の発展は、「技術を伝える」ことによって支えられてきました。優れた技術、必要な技術を正確にかつ素早く伝えるのは、組織に限らず社会の発展を左右する重要なことなのです。

また、この本は基本的には「技術を伝える」ということを念頭に書いたものですが、実際は世の中で「伝える」ことが必要とされる場面すべてに共通することを扱っています。

たとえば学校教育なども、基本的な問題点は同じです。

先生は、教科書やテキストで「きちんと形を整えて伝えれば、生徒に伝わる」と思っています。しかし生徒にとっては、伝えられる知識が自分たちが欲しい形になっていないにもかかわらず、試験などの強制により無理矢理頭の中に突っ込まれるので、結局は「伝わったことにならない」のです。

本書は技術に限らず、「なぜ伝わらないか」と悩むすべての人に役立てていただこうという気持ちで書きました。是非そのエッセンスをつかんでいただきたいと思います。

目次

第3章　伝えるために大切なこと

「標準」「型」「作法」
最初は百のうち十や二十でよい
アウトプット型学習とフィードバック
自分が伝えるときのことを意識させる
仕事の全体の理解のために
相手をよく観察する
イメージの重要性

第6章　的確に伝える具体的手法

写真・映像で伝えるポイント
図や絵の有効性
図と文字を組み合わせる
陰陽二つの世界を見せろ
「伝わるシナリオ」を考える

序　章　「技術」とは何か

二〇〇七年問題の本質

終戦直後のベビーブームに生まれた、いわゆる団塊の世代の定年による大量退職が二〇〇七年からいよいよ始まります。そのことをきっかけとして、「日本企業が持っている大事な技術がすべて失われてしまうかもしれない」ということが世間では盛んに言われるようになりました。

このことは「二〇〇七年問題」と呼ばれて注目を集めています。この問題に対する企業の不安は大きく、そのせいか最近はとくに技術の伝達の必要性が取り沙汰されるようになっています。

二〇〇七年問題については、多くの人は組織の中の人間が入れ替わることによって起こる必然的な問題であると考えているようです。しかし、私はこの見方は正しくないと思っています。この状況を招いたそもそもの原因は、企業が特定の時期に大量採用を行ったことで社員構成をいびつにしてしまったことにあるからです。

日本ではかつて、一九六〇年ごろから八〇年ごろをピークに人口が急激に増加した時期がありました。当時は、右肩あがりの成長ともあいまって、どこの企業も「人件費の安い若年労働力の供給が永久に続く」という錯覚ともいえる考え方に基づいて人員の大量採用を行ったものです。しかし、その後社会構造は変化し、労働力への要求も大きく変わったのは周知のとおりです。

ところが、ほとんどの企業はこのときの社会構造や労働力への要求の変化に適切に対応することができませんでした。一時的な大量採用は結果として多くの余剰人員を抱えることにつながりましたが、その状態をそのまま維持しながら新たな人員採用を減らすことで解決する道を選択してしまったのです。その結果、これ以上採用を抑えると組織として成り立たなくなるというところまで来てようやく再開するという状況になってしまいました。

半永続的に活動することを前提として企業の組織構成を考えると、本来はすべての世代の人をバランスよく配置して活動を行うのが理想的な姿です。ある世代の人員だけを突出して多くさせてしまうと、全体のバランスが崩れて弊害が出やすくなります。ところが、日本の多くの企業は、かつての大量採用世代が一種の制約になり、彼らが主戦力として活躍している間は毎年一定の人数を採用するということができない状態に陥っていたわけです。そして、その間は総数の維持のための採用しか行わず、その挙げ句に組織内の人員構成を変えられないまま今日《こんにち》まで来てしまったことで新たなトラブルを呼んでいるというのが、まさしく二〇〇七年問題の本質なのです。

図0―1、図0―2は、ある企業の社員の年齢構成の変化を表しています。一九七二年と九四年の状況を比較してみると、九四年は年代によって構成員の人数にばらつきがあり、大きな谷間ができていることが一目でわかります。このような人員構成は決して珍しいものではなく、七〇年代の高度経済成長期に躍進を遂げた企業を見るとほぼ共通の形をしています。

人員構成がこのようにいびつになっている企業では、二〇〇七年以降に起こる大量採用世代の定年退職を前に、すぐ下の世代ではなく十五歳から二十歳も若い次代を担う世代に一足飛びに技術の伝達を行うことを迫られています。伝達がうまくいかなければ、今後、企業の財産である技術が十分に生かされないわけですから、企業活動そのものが大きな制約を受けることになりかねません。これが二〇〇七年問題の本当の中身で、「ベビーブームの団塊の世代が一気に退職して技術が途絶える」という単純な話ではないのです。

じつは二〇〇七年問題としてにわかに心配されるようになった問題は、すでに十年ほど前からいろいろな形で表面化しています。さまざまな現場でマニュアル化が進む中で、「無駄を省く」という名目の下に技術の伝達が表面的な部分でしかなされなくなっているのです。そして実際そうしたことが、世間を騒がす事故や企業の存亡を左右するトラブルの原因にもなっているのですから、安易に見過ごすことはできません。

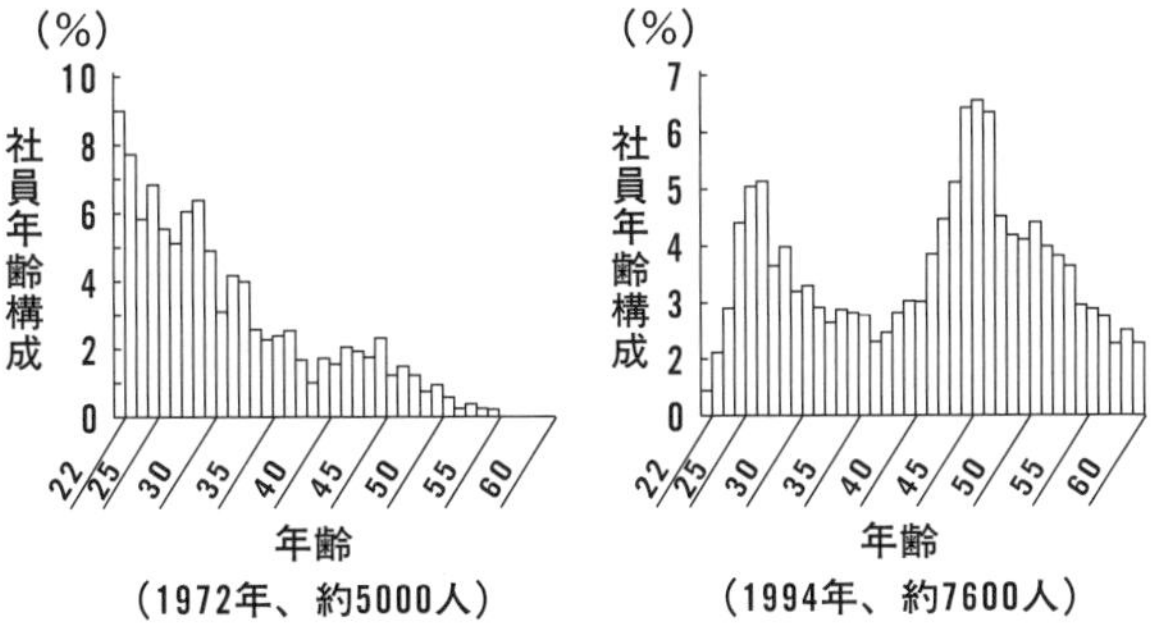

図０—１　Ａ社の社員年齢構成

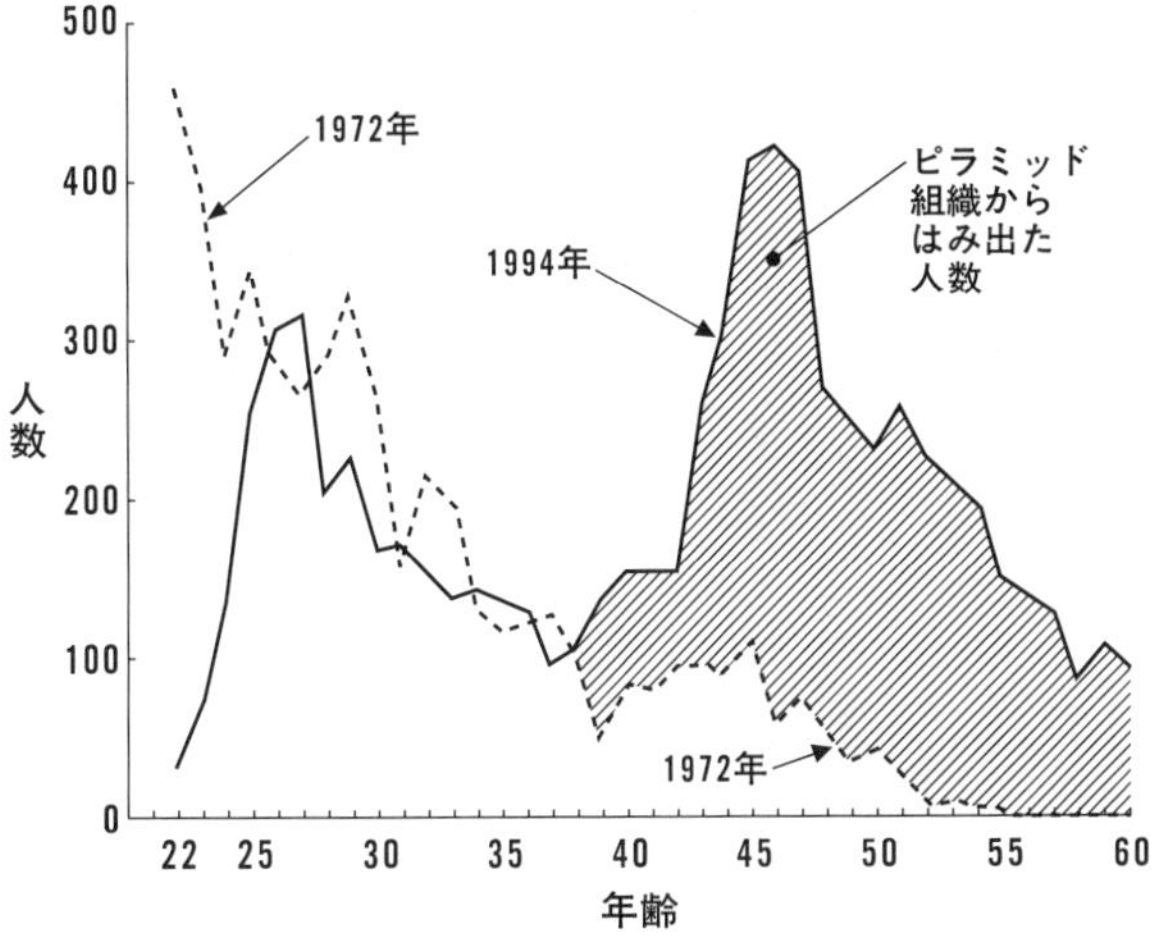

図０—２　1972年と1994年の社員年齢構成比較

図０—１、０—２ともに佐藤知正、内崎巌『創造的技術者のための研究企画』日刊工業新聞社、1998年より

これに加えて、二〇〇七年以降はこれまで事業を支えてきた人たちが大量に退職しますが、その状態の中でこれまでの技術が培われてきた過程の様々な情報が失われかねないと懸念されているわけです。この状態は今後もしばらく続きます。そう考えると、技術の伝達の問題は、二〇〇七年前後に限定して起こるものとして扱うのは不適切で、もっと長いスパンで対策を講じる必要があるものなのです。

技術の定義

本書は「技術を伝える」ということをテーマにしています。ですから順を追って「伝える」ことについて詳しく解説していきます。その前にまず本書でいう「技術」とはどういうものか、その定義をはっきりさせておきましょう。

本書における「技術」とは、「知識やシステムを使い、他の人と関係しながら全体をつくり上げていくやり方」を指します。これは逆に言うと、他の人との関係によって何かをつくり出さないものは技術とは呼ばないという意味です。

たとえば、絶海の孤島に一人で漂着して暮らしている人がいたとします。その人は生きていくために自分でさまざまな工夫をして魚を捕ったり、果実を採集したり、雨水を貯めたりしています。

さて、そうしたとき、この人がやっている工夫を「技術」と呼ぶかどうか。

本書ではこれは技術と呼ばないことにします。これは、あくまで一人で考え、自分自身で会得していったものだからです。会得とは何かをして「こうやればいいんだ」「こうやるときっとうまくいく」など個人的な経験に基づいて合目的的な活動ができるようになることです。

「技術」とよく似た言葉に「技能」がありますが、これは知識や頭を使わなくても体が自然に動いて生産活動ができるという、いわば人間の体に染み付いた能力をいいます。技能は人から教わらなければ身に付かないというものではありませんし、人に伝えなければそのものの進歩が止まってしまうということはありません。技能は会得するものということもできます。

この技能に比べると、「技術」の概念はかなり広いものです。本書で考える技術は、繰り返しになりますが、知識あるいはシステムを使って、自分一人で動くのではなく他の人との関係で全体をつくり上げていくものなのです。そして、他の人との関係で大きなものをつくり上げていかなければならないということは、自分で努力さえすれば自然に会得できるということではありません。それ故に、技術を獲得するためには他の人との関係をどうつくるかや、知識をどのように伝えるかが重要になってくるわけです。

先の例でいうと、絶海の孤島に一人ではなく集団で漂着して、その人たちが自分の持っている知識を生かしてみんなで島を脱出するための船をつくるとしましょう。そのとき必要なものが「技術」です。みんなで脱出するための船をつくる場合、ひとりだけその知識を持っていても、船はつくれません。その人の持っている知識をみんなに伝えて共有することで、はじめて船づくりも進めることができるのです。

技術は常に変化する

次章で詳しく説明しますが、技術は、通常先人たちによって徹底的に考え尽くされ整理をされている（知識化されている）ので、時間や空間を超えて誰かに伝えることができます。そして伝達された技術を新しい人々が積極的に使うことで、その社会に大きな利益を創出することができます。また一方では、別の時代や別の場所といった従来とは異なる条件で使うことによって、必然的に技術の改良が行われることになり、それがまた技術をさらに進歩させることにつながります。

じつは技術を扱うときに注意しなければいけないのは、「技術は絶えず変化するもの」であることを意識することです。一見すると同じものに見えても、実際の中身はまわりの環境の変化に応じて常に変化しています。

ところが、多くの人たちは、技術がいったん知識化されると、それを固定化したものとして考えて扱おうとしがちです。そうした人は、自分が身につけた技術を人に伝える場合も、固定化したものとして扱おうとします。しかし実際は、いざ伝えようとするときには、身につけた技術は時代遅れで通用しないものになっている可能性が大きいのです。

どんな技術でも、求められる機能や周りの制約条件は常に変化しています。たとえば日本では優れているクルマでも寒冷地域にそのまま持っていって同じように走れるわけではありません。日本の携帯電話が多機能で技術的には進んでいるからといって、携帯電話でメールを打ったり、写真を撮ったりという機能を必要としない国で、売れるとは限りません。いくら日本のシャワー付き便器が素晴らしいものでも、水が貴重な砂漠地帯で売れることはないでしょう。またさまざまな流行製品の移り変わりを見てもわかるように、技術として優れていたものでも、時代の変遷とともに、人々のニーズが変わっていくと、必要とされなくなるものもいっぱいあります。

ですから**常に時代や場所に応じて技術はどんどん変化していくもの**なのです（もっとも、すべての技術が必ず変化するわけではありません。なかにはもう完全に定式化されて変化を必要としない技術もあります。たとえば万年筆の技術などはその一例としてあげてもいいでしょう）。

ですから、本書のテーマは「技術を伝える」ということについてですが、その技術も伝えたから（伝えられたから）、それでオッケーというわけではなく、常に変化するものなのだということは、是非頭の中に入れておいていただきたいと思います。

第1章　なぜ伝えることが必要か

技術の伝達が必要なケース

二〇〇七年問題は当該の企業にとってたしかに深刻な問題でしょう。しかし、このような問題がなくても、技術を正しく伝えることが常に大切であることには変わりありません。

この章では本書のテーマである「技術を伝える」の前提として、「なぜ技術は伝える必要があるのか」を見ていきたいのですが、ここで話を整理するために最初に人間が活動を行うに当たって、技術の伝達が求められる場面というものを考えてみたいと思います。図**1－1**(a)は、どんな場合に技術の伝達が必要となるか、その典型的な六つのケースを描いたものです。

①別々のところにいる人から人への伝達
②時間差がある個人と別の個人との間の伝達
③時間差がある同一個人の間での伝達
④同時期の世代間（年齢に差がある個人と個人の間）での伝達
⑤同時期の人から人への伝達

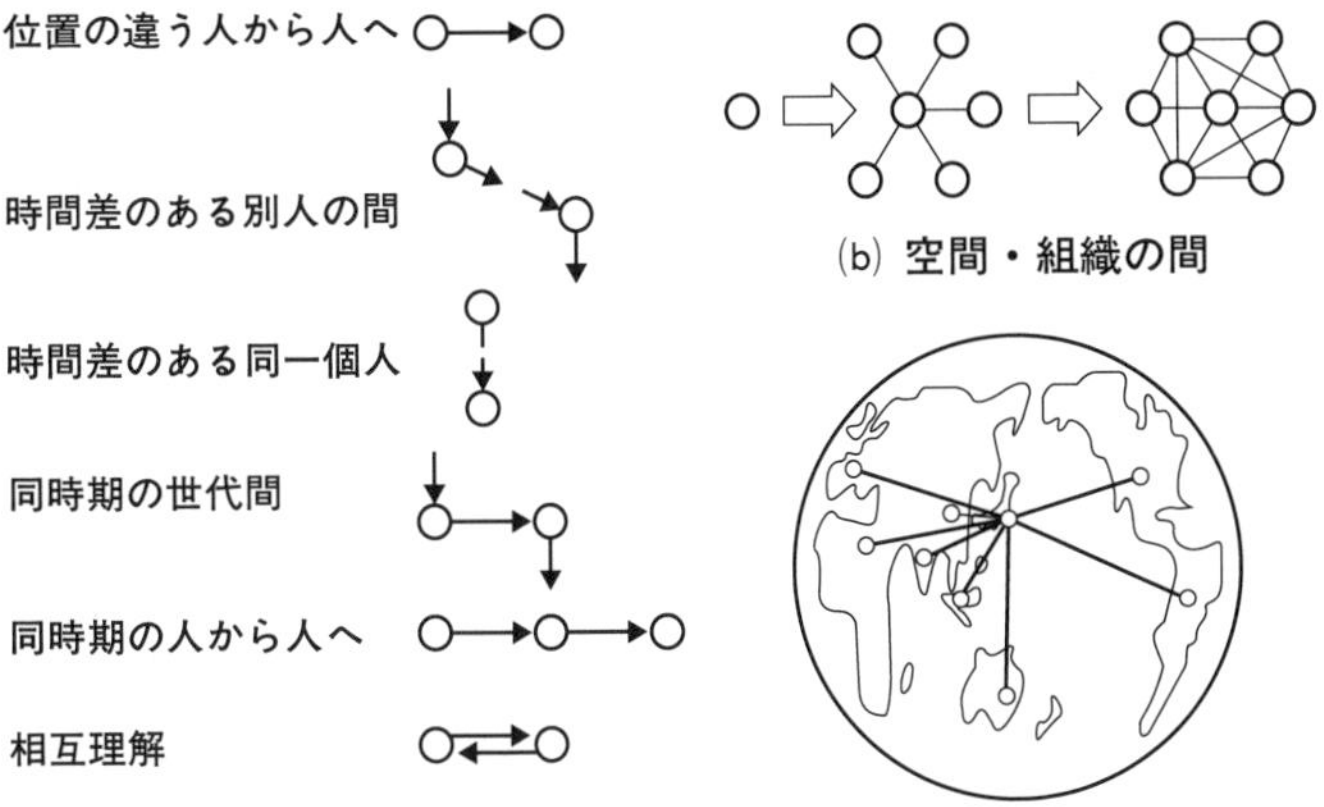

(a) 位置・時間・世代・人の間　(b) 空間・組織の間　(c) 異なる文化の間

図1—1　技術の伝達を必要とする状況

⑥相互理解のための双方向の伝達

この六つのケースでも、前章で述べたように、技術は空間や時間を超えて伝えられるものだということが理解していただけると思います。

一方、こうしたケースとは別に、企業でもNPOでも、人が集まって何らかの集合体をつくっているときには必ず技術の伝達が必要になります（図1—1(b)）。これをやらないことには、組織として全体がひとつになって動くことができないからです。

人の異動に伝達は不可欠

いまのケースをもう少し具体的な話として考えてみましょう。

たとえば、生産活動の現場で見ると、技術の伝達を迫られる状況が必ずあります。それは定年退職などによる世代交代です。

本書の最初に触れた二〇〇七年問題などはまさにその典型ですが、定年退職制度のようなものがない個人経営の職場でも、その人が年をとって働けなくなったときのことを考えると、後継者に技術を伝えることが必ず求められるわけですから基本的には同じです。

多くの人間が集まって生産活動を行っている企業の場合は、技術の伝達が求められる場面はたくさんあります。定年退職による世代交代もそのひとつですが、それ以前に転職によって人が抜けたり、担当替えによって技術を伝達しなければいけないケースが頻繁にあるからです。同一の企業内でひとつのことをひとりの人が一生担当し続けることのほうがむしろ稀《まれ》でしょう。

一口に担当替えといっても、じつに様々なケースがあります。たとえば、新しいことをどんどん経験させながら人を育てていくために担当替えを行うこともあります。そうかと思えば、ある仕事の必要性が下がって仕事量が減ってしまった結果として、いままで数人で担当していた領域をひとりの人間が担当するようになることもあります。たとえば、社会全体がある製品を必要としなくなったとき、いままでその製品を主力としていた企業は事業内容を縮小したり、変更したり、組織そのものを変えざるを得なくなるということが必ず起こります。

もちろんその反対に、ある仕事の必要性が上がったためにいままでひとりで担当していた領域を分割し、人員を増員して複数の人間にその領域を担当させることもあります。

また、同じ場所に同じ人がずっと居続けると不正の危険性が増すために、定期的に配置を換えるということも行われています。これは銀行や保険会社など金銭を扱う業界や、公平性が求められる政府機関などでよく見られる配置換えのパターンです。

また最近では転職に伴う異動というケースも増えています。もともと日本より解雇や転職が頻繁なアメリカの企業では、人の突然の異動によって仕事に穴が空かないように、組織内で日常からすべての記録を取っているところが多いようです。つまり技術を個人にとどめないで、職場全体で共有することを強く意識した組織運営をしているわけです。

人の異動の激しさでいえば、私の職場である大学などは企業よりも上でしょう。何しろ院生・学生が一年ごとに入れ替わるわけですから、そのたびに技術の伝達の必要に迫られるわけです。

このような頻繁な異動には、当然メリットとデメリットがあります。メリットは、一年ごとに強制的に人が入れ替わることで研究室が常にリフレッシュされたり、常に技術の伝達を迫られることで、これまでの研究の経緯や成果を嫌でも整理して第三者が学べる状態にするということがあります。一方デメリットは、引き継ぎのときに必要な事柄が十分に伝わらず、とかく事故が起こりやすいということです。

それまで続けてきた研究を引き続き行うためには、以前の研究の経緯を新しい人に伝えると同時に、その人が活動を行う上で必要になる基礎的な知識を学べるようにするなど研究室の中で積極的に伝達活動をしなければなりません。じつはこうした仕組みがうまく働いている研究室はいつも活気があふれているし、状況の変化に合わせてテーマを変えていける柔軟さがあります。

これは余談になりますが、現実にはこのような研究室はあまり多くありません。扱っているテーマからして伝達する価値がさほどあるとも思えず、進歩することなく停滞した技術になっているケースのほうがむしろ多いのです。多くの研究室はこのような状態にあり、学生にとって魅力のないものになっているのが実情なのです。

技術の移動に伴う伝達

人の異動ではなく、技術が移動することに伴い伝達が必要となるケースもあります（27ページ、図1―1(c)参照）。

ものづくりニッポンの基礎をつくったのは、海外からの技術導入でしょう。最近でこそあまり行われませんが、一九七〇年代くらいまでは、各企業は争って欧米で発達した技術を導入し、その導入技術を使って生産していました。日本の高度成長もこうした導入技術に支えられていました。また導入した技術をいずれは自前のものにするために切磋琢磨《せっさたくま》をした結果、企業の技術水準も格段に進歩したわけです。一方で技術導入の問題点は、技術に伴う思想や「気」といったものがなかなかうまく伝わらないことで、これがもとで技術的な失敗や事故も起こったりすることがあります。

一方最近多いのは、生産の海外移転に伴う技術移動です。製造業では主に人件費の問題から、従来は国内ですべて行っていた生産を海外に移して行うことが増えています。

この場合、製品の仕様をまず国内で決めて、でき上がった技術を使って海外で生産を行うというのがよくあるパターンです。日本という土壌でつくられたものを異なる文化を持つ地域で使うわけですから、これはなかなかたいへんなことです。

海外の担当者に技術を伝える場合、以前は教育の担当者が現地に赴《おもむ》いて技術を教える方法が主でした。それが最近では、現地工場のキーになる人を日本に呼び寄せて研修を行うケースが増えています。この大きな理由は、現場の「気（雰囲気）」も含めて伝達することにあります。技術そのものは現地に行って伝えることができます。しかし、日本の生産現場にある雰囲気までは伝えることができないので、日本国内で教育を行うようになったというわけです。雰囲気はじつはそれほど生産現場においては重要な要素なのです。

もし技術が伝わらなかったら……

技術の伝達が実際に必要になる場面を以上のようにざっとあげてみました。これらに共通しているのは、誰かから別の誰かに技術を伝えることで活動が継続できたり、あるいは別の場所で活動を新しく始めることができるという点です。じつはこれこそが「なぜ技術を伝えることが必要か」という問いに対する答えでもあります。

たくさんの人が集まっている組織でそれぞれの人が関係を持ちながら活動を行っているときには、技術の伝達が絶対に必要になります。仮にこの伝達が行われないと、その技術に関する知識や情報はすべて途切れてしまいます。この場合、伝達されなかった人たちは、その技術を使うときに非常に困ったことになります。その技術を扱うに当たっては、すべてのことを自分で一から考えなければならないからです。

技術には先人の経験や考えがすべて含まれています。つまり、**伝達された技術を使うということは、先人の経験や考えを手っ取り早く自分のものとして使うことを意味している**のです。仮に正しく伝達されていない状態でその技術を使わなければいけないとすると、先人が考えたり経験してきたのと同じことをすべて独力でやらなければならなくなってし

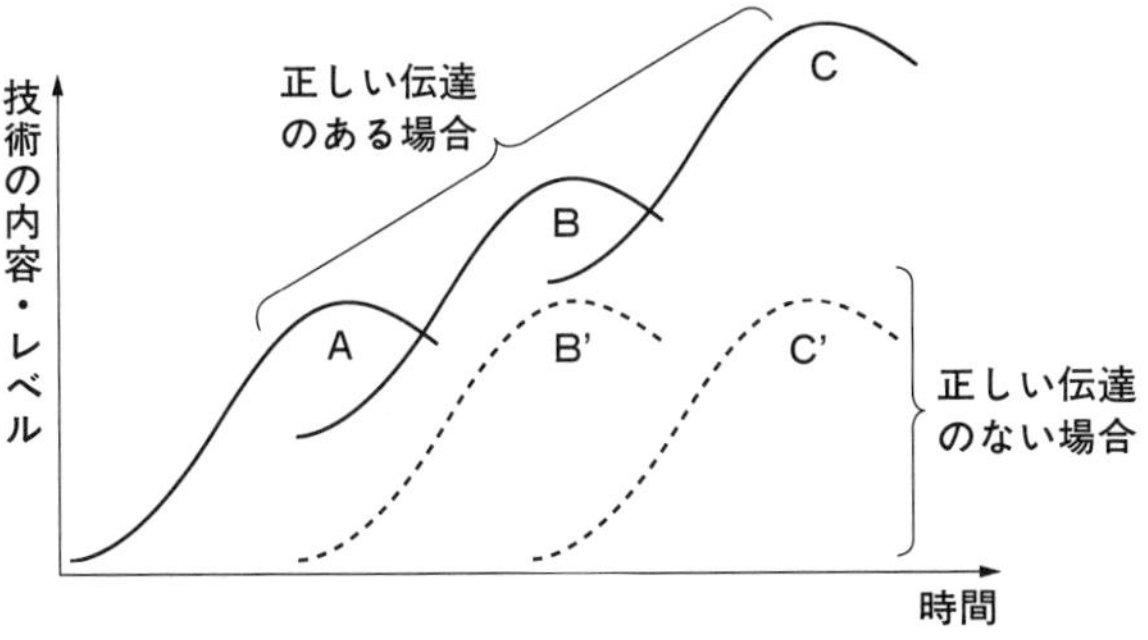

図１―２　技術が伝達された場合、されない場合

まいます。これはまさしくムダな努力というものです。

そもそも、技術の伝達がきちんと行われていればやらなくていい努力です。それをあえてやらなければいけないというのは、時間や金銭的なロスも莫大《ばくだい》なものとなります。

しかし技術が伝達されないことでもっと致命的なことは、いろいろな人が関わりながら築いてきたその技術に関する過去の経験の積み重ねを一切使うことができないということです。その技術を正しく使ったり、さらに進歩させるために必要な技術の来歴に関する情報が完全に途切れてしまうわけですから、組織全体として技術レベルを上げていくスピードも鈍ることになってしまいます。

いまの話を図にしたのが図1―2です。縦軸は技術の内容やレベル、横軸は時間です。そして、ある一つの組織の中における技術レベルの推移について、A世代、B世代、C世代でどのように変化したかを表しています。

たとえば、技術が正しく伝達されたとすると、A世代の人から技術を受け継いだB世代の人たちは、先人の経験や考えを基本に活動を始めることができます。この場合、B世代はA世代の持っていた技術レベルまですぐに到達して、さらにその技術を生かすことでもっと高いレベルに到達することができます。B世代の技術を受け継いだC世代の人たちも同じことです。

このようにして組織内において技術がうまく伝達されると、世代が移り変わるとともに、組織全体の技術レベルもスムーズにあがっていくことになります。

ところが、正しい伝達が行われなかった場合はこんなふうにはいきません。A世代の人々が自分たちの技術をきちんと伝えなかった場合は、次世代の人はまた一から学ばなければなりません。するとA世代の人々と同じだけの労力と時間をかけ同じ技術を習得することになります。このことを示したのが図のB′です。そこには技術の新しい進歩は見られません。さらにB′世代からも技術の伝達がなされない場合は、次のC′世代になってもその組織における技術レベルはA世代と変わらないということになります。

もし仮にCのような会社とC′のような会社があったとしたら、C′社が潰れるのは間違いないでしょう。

また、これは余談ですが、図1―2は縦軸を企業の全体規模、A、B、Cを主力の事業分野とする別の見方をすることもできるでしょう。この場合、企業が周囲の状況の変化に応じ、柔軟に事業分野を変えていかないとその企業の成長もないと見ることができます。

回転ドアの事故は技術が伝えられなかったから起きた

図1―2のB′・C′は、技術がまったく伝えられないことで、組織として技術の進歩が止まってしまうというやや極端な例だったわけですが、技術が伝えられてはいても、それが十分にきちんと伝わらないことで、あとから大きなトラブルが発生することは現実にいろいろな場所で起こっています。

たとえば私が関わったケースでは、二〇〇四年三月に六本木ヒルズの大型自動回転ドアで起こった六歳の男の子の死亡事故などはその典型です。

この事故の原因は、閉まりかけているドアに子どもが無理矢理に進入したことにあります。しかし、それはあくまでも事故を引き起こした直接的な原因にすぎません。子どもが死亡する背景にはもっと別の原因があります。というのは、回転ドアの技術に関する大事な情報が伝達されず、途中で完全に途絶えていたという問題があったのです。

私はこの事故について、「勝手連」形式の事故調査委員会である「ドアプロジェクト」の活動の中で徹底的に調査を行いました（ドアプロジェクトの活動については拙著『危険学のすすめ』（講談社）で詳しく紹介しているので、興味のある方はぜひそちらを読んでいただきたいと思います）。

このドアプロジェクトの活動の中で私は、事故を起こした回転ドアの技術の来歴の調査を行いました。そのときにわかったのは、事故機のルーツはオランダにあり、日本に伝わって以降、安全対策として最も大切な「ドアは軽くなければ危ない」という知識が途中で一切伝達されずに完全に失われていたことです。

事故機の技術が日本に持ち込まれたのは、日本の企業がオランダの企業と提携して合弁会社を設立したことによるものでした。ところが、この合弁会社は経営難からやがて倒産に追い込まれ、経営権が日本の他の会社に譲渡されることになります。その際、オランダの企業は提携を解消して技術情報をすべて引き上げたため、新会社は回転ドアの現物しかない状態での再出発を余儀なくされました。

その結果、新会社の回転ドアは、アルミニウムを材料に使っていたオランダ製の軽い回転ドアとは似て非なるものになりました。この原因は、回転ドアが発達したヨーロッパと日本の条件のちがいにあります。冬の寒さが厳しいヨーロッパで回転ドアに求められていたのは、暖房効率を上げるために気密性を高くして外気を遮断することです。一方、比較的気候が温暖な日本では、外気の遮断の要求よりも高層ビルのドラフト現象などに対抗することが求められました。

高層ビルでは、外から吹き込んだ風や暖められた空気がエレベーターシャフトや吹き抜けを伝って上昇します。それによってビルの入り口部分では外部から空気を呼び込むようになりますが、これをドラフト現象といいます。そして、この対策が優先されていたというのは、日本では外気の遮断より空気の圧力差に対抗することが求められたということを意味しています。

実際、この要求を満たすためにより大きな強度が求められ、その過程で回転ドアはどんどん重いものになっていったのです。また、見栄えをよくすることも求められていたので、ステンレスの装飾を施すことで重さはさらに増しました。その結果、オランダから移入されたときに〇・九トンしかなかったドアの総重量が、最終的に二・七トンにまで増えてしまったのです。仮に「軽量でなければ危険だ」ということがきちんと伝わっていれば結果はまたちがっていたのでしょうが、それがなされなかったために事故機は、センサー類が機能せずドアが急停止できないときに挟んだ子どもを死なせてしまう〝殺人マシン〟になってしまったわけです。

会社を潰す伝達ミス

回転ドアのケースは決して特殊なものではありません。この種の問題は他所で発達した技術を導入するときにはどの分野でも常に起こり得るものです。技術が正しく伝達されないことで、大きなトラブルを招くことになりかねないわけです。

技術には現在に至るまでの系譜が必ずあります。これは建設機械、産業用機械、自動車など、どのような製品でも同じです。その系譜にはいままでに経験した事故やトラブル、あるいはその問題点を、なにをどうすることで解決してきたかということがすべて織り込まれています。このような大切な情報が一切伝達されない状態でその技術を使うというのは、大きなトラブルの発生につながる極めて危険なことなのです。

こうしたトラブルは、ときに企業の存亡にかかわる事故にまでつながることもあります。ＪＣＯによる一九九九年九月の国内初の臨界事故などはその代表ですが、この事故によって同社は壊滅的な状況に追い込まれました。

この事故は、人事異動による引き継ぎの際に安全管理に関する情報が正しく伝達されなかったことが原因で起こったものです。ＪＣＯというのは核燃料の加工を行っていた会社で、当時は核燃料となる均質な硝酸ウラニル溶液をつくっていました。ところが、安全管理に関する情報がきちんと伝達されなかったことによって作業の最中に作業員が致命的なミスを犯すことになり、二人の死者と十一名以上の被曝《ひばく》者を出す大惨事が発生しました。

当時、作業は酸化ウラン粉末を硝酸に溶かし、その溶液から溶媒により不純物を抽出して沈殿槽で不純物を分離するという流れで行われていました。臨界事故が起こったのは、このうちの前半の湿式装置における作業中のことです。もともとの作業手順では臨界を起こさないために溶液は細長い専用の貯塔から投入することになっていました。溶液の全体量が増えても臨界に達しないように、各装置の寸法を制限する「形状管理」を行っていたのです。ところが、事故当時作業を行っていた作業員にはこの重要な知識が正しく伝えられていなかったために、作業効率のみが優先されて、形状管理からはずれたバケツによって溶液を直接沈殿槽に投入するということが行われました。その結果、規定の七倍量のウラン溶液を一度に流し込んだことで沈殿槽の底部から臨界が起こってしまったのです。

この事故はＪＣＯにとって致命的で、事故後はウラン再処理転換事業から撤退し、現在では会社としてほとんど機能していない状態にあります。安全管理に関する情報伝達をきちんと行わなかったことによって、同社は企業として壊滅的な状況に追い込まれてしまったわけです。

CAEによって形式化する技術伝達

私があらためて強調するまでもなく、技術を扱っている人には技術を正しく伝達することの重要性はよくわかっていると思われます。実際、どこの企業を見ても技術の伝達にはそれなりに力を注いでいます。にもかかわらず、なかなか正しく伝わらないのが技術の伝達の難しさなのです。

自分たちはきちんと行っているつもりでも、実際には正しく伝わっていないというのはやっかいです。このようなケースは意外に多く、ときにはそのことで手痛い損害を受けることも珍しくありません。たとえば、日立製作所による原子力発電所におけるタービン事故などはこのようなケースではないかと私は見ています。

二〇〇六年六月に中部電力の浜岡原子力発電所の五号機で起こった事故の概要は、蒸気を受けて発電機を回すタービンの羽根に突然破損やひび割れが発生して緊急停止したというものです。その後の調査で、北陸電力の志賀原子力発電所二号機でも同様の異常が見つかり、波紋を広げることになりました。

この事故の原因は、タービンを製造した日立製作所の設計ミスによるものと見られています。もともと羽根の設計上の強度が不十分だったために、高圧の蒸気を受けながら運転を続けるうちに金属疲労によってひび割れが起きたとされています。

いま（二〇〇六年十一月時点）はまだ専門家による調査が続いているので正確なところはわかりませんが、私が知り得た情報を分析したかぎりでもこの見方でほぼ間違いないと思います。そのことを前提に考えると、設計の担当者や全体を管理する人がなぜこのような設計ミスを犯したかが問題になります。この背景には、技術の伝達が形式化していたことがあったのではないかと私は見ています。それは優れた設計システムとして注目されているCAE（コンピュータ・エイデッド・エンジニアリング）の落とし穴とでもいうべき問題でもあります。

CAEというのは、コンピュータ技術を活用して製品の設計、あるいは製造や工程設計の事前検討の支援を行うツールです。これを使うと製品の設計がコンピュータ上で簡単にできるだけでなく、その製品モデルの強度や耐熱性などを含む機能や性能を確認するためのシミュレーションまでコンピュータ上ですべてできるという優れものです。

従来の開発は、設計に基づいてまず試作品をつくり、実物を使った試験を通じて製品の機能や性能、動作などが様々な状況でどう変化するかを確認するという手法で行われていました。不具合の発見や修正は、試作品づくりと実験の繰り返しの中で行われていたわけです。その一部ないし全部をコンピュータ上のシミュレーションに置き換えられるというのがCAEのメリットで、これによって開発に要する時間とコストは飛躍的に低減させることができるようになりました。

このCAEを使った開発システムが最も進んでいるのは自動車業界です。以前は新型車の開発時には二十台程度の試作車がつくられていましたが、現在では試作車を一台もつくらずに量産を開始し、その後検証用の車を一台つくるだけにまで減っているところもあるのです。しかも、この一台はコンピュータ上のシミュレーションが実際に正確かどうかを検証するためのものです。その意味では、実質的には試作車なしで新型車の開発が行われていると考えていいでしょう。

製品開発にCAEを取り入れる動きは、最近はどこの業界でも当たり前のように見られます。問題になった日立製作所のタービンもCAEを使って設計されたものに違いありません。今回の事故について、同社は「想定外の使用方法だったため」としているようです。しかし同時期に同じような事故が連続で起こっていることを考えると、同社には弁解の余地はないのではないかという気がします。

CAEはたしかに優れた開発システムです。しかしこれが正しく機能するためには、正しいシミュレーションのために必要な、正確なデータが入力されていることが前提になります。つまり、コンピュータに入力されている技術情報に誤りや漏れがある場合、欠陥品を開発する危険性があるのです。そうしたことを防止するために、ふつうはユーザーに販売する前に社内で安全性を確かめる実験を行います。事故が起こったということは、この検証が不十分だったということを意味しているわけです。

もちろん、部外者である私には、同社がどんな検証を行ったかはわかりません。それでも事故という結果につながったことを考えると、少なくとも実際に使用される条件や限界点の見極めが甘かったのではないかということは推測できます。

じつは、タービン事故は過去何度も起こっており、そのたびに事故の教訓を生かして技術革新が進んできました。前回の大きなタービン事故は一九七二年、和歌山の火力発電所で軸の共振により起こりました。その後「次に事故が起こるのは何か想定外の条件下で起こる疲労破壊ではないか」といわれていたのです。当然そうした話は、「暗黙知」（第4章参照）としてタービンを扱う技術者であれば知っていたはずですが、CAEシステムには反映されなかったのではないでしょうか。

「何が起こるかわからないけれど、何か起きる恐れがある」場合、以前だったら技術者はつくりっぱなしにしないで、実際に使用している現場に足を運び、何か問題は発生しないかチェックをしていました。しかしいまはシミュレーション技術が発達した結果、「自分たちはシミュレーションなどでわかったうえで、ちゃんとつくっているから問題ないはずだ」と思いこんで、つくりっぱなしにしてその後の検証も行わないでいることが大きな事故やトラブルにつながるのです。

ＣＡＥのような便利な道具を使いこなすには、設計を担当する技術者はそれが実際に使われている状態やまずくなった状態を「あるったけ」考えつくし、十分な仮想演習を行って設計をやらなければならないのです。

そしてそのような十分な仮想演習を行うためには現地に出かけ、実際にものを触り、現場の人と議論をするという「現地・現物・現人」の「三現」を実行し、現況を十分に把握する責務があるのです。今回のように同じ製品が別の場所で同じ事故を起こすという場合には、設計に対する根本的な考え方に「形骸化《けいがいか》」や「慣れ」による退化があったように思えてなりません。

今回のような事故は、他の分野でも十分起こり得ます。だから今後は、ベテランの技術者が漠然と危険だと感じるような、なかなかデジタルの情報になりにくい知識を、どのようにＣＡＥなどに入れ込んでいくのかが、技術伝達における大きな課題の一つになるのではないでしょうか。

第２章　伝えることの誤解

さまざまな教育制度

「技術を正しく伝えることが重要である」という認識は、ほとんどの人が持っています。そして、いろいろな人たちがいろいろな場所で、正しく伝えるための努力をしています。では一般にどんなことをやっているか、多くの方にとってはよくご存じのことと思いますが、ここで簡単におさらいしてみましょう。

たとえば、企業の中で行われている技術伝達の代表は、新卒、中途採用などで入社した直後の社員に向けて行う新人教育でしょう。

新卒者への教育では、広い意味での技術に対するものの見方や学び方、あるいはその企業が持っている個別の技術についての基本的な考えなどが伝えられています。もっとも、仕事の経験のない人にはこれでは不十分です。そこでこれらに加えて、職業人としての知識やマナーなども教えられています。

一方の中途採用組は、職業人としての知識やマナーなどの教育は基本的に必要ありません。とはいえ、経験があるといっても、それは企業風土が異なる場所におけるものです。そこでその企業が持つ個別の技術の内容に加えて企業としての考え方、やり方、あるいは判断の仕方などが伝えられることになります。

こうした教育は、一般的には講義や講演など、主に座学で行われます。その際、知識の伝達を効率よく行うために、伝えたい内容を、文字情報だけではなく絵や図、あるいは写真や映像などを用いた、わかりやすく伝えるための工夫が凝らされている教材もたくさんあります。

また、座学による伝達とは別に、実習を通じて技術を体感、実感させながら伝達する方法が用いられることもあります。

さらにこうした研修という形での特別な教育の機会とは別に、職場の先輩の指導の下で実際の仕事をさせながら技術を伝えるＯＪＴ（オン・ザ・ジョブ・トレーニング）も多くの企業で行われています。

ＯＪＴの特徴は、実際の問題を前にして一つずつの考え方、やり方を後輩に伝えていく点にあります。この方法は生きた知識を伝えることができるのでたいへん実践的です。企業だけではなく、師匠から弟子に口伝《くでん》で技術を伝える伝統技術を扱う職場では、以前から当たり前のように使われています。

また最近はどこの企業でも、このような教育を「社員研修」や「社員教育」によってシステマティックに行っています。これは入社時限定というわけではなく、一定の期間ごとに行われることが多いようです。たとえば、ある会社では、係長、課長、部長と役職が上がるときにそれぞれのポストに要求されることを伝える段階的な教育制度を持っています。

こうした社員向けに行われている教育のほとんどは、企業活動を行う上で必要になる技術の伝達を目的としています。その効果が業績を左右するので、どこの企業も社員教育には熱心に取り組んでいます。

またいまやどこの現場でも伝達のための重要ツールとしてマニュアルや標準、作業指示書といったものは存在しているはずです。とくに最近のように基準から外れることに対し社会の目が厳しくなっている状況では、マニュアルや標準の重要性はますます高まっているといえるでしょう。

しかし、このように多くの制度やツールがある割には「満足できる効果を上げている」という話はほとんど聞くことができません。その反対に教育担当者からは、「伝えたいことがなかなか思うように伝わらない」という嘆きの声がよく聞かれます。会社をあげて教育制度の充実に力を注いでいるところが多いのにこのような状態ですから、正しく伝えるということがいかに難しいかよくわかります。

伝わったかどうかは結果でしかわからない

正しく伝達することの重要性を認識して様々な努力を行っているのに、それがあまりうまく機能していないというのは企業に限った話ではありません。実際、技術の伝達を行っている他の場所でも同じことが起こっています。

たとえば、大学や専門学校などの教育機関は、やはり授業や実習教育を通じて学生たちに技術を伝えています。しかし、いろいろな工夫がなされているのに、伝える側が期待しているような効果が上がっていないのが実情です。

多くの人たちが様々な方法を駆使しながら正しく技術を伝達しようとしているのに、なぜ期待している効果が上がらないのでしょうか。

もちろん、一因として考えられるのは、技術やその知識を受け取る側の能力不足、あるいは努力不足です。しかし、私はそれよりもはるかに大きな原因があると見ています。それは一言でいえば、伝えたいと思っている人たちが、伝えるということについて大きな誤解をしているということです。

次ページの図2―1は、ある人や組織が持っている技術が別の人や組織に伝わったときの状態を描いたものです。上のAさんからBさんへの伝達は個人間のものです。そして、下にはA組織からB組織へという組織間の伝達の様子を描いてあります。

技術がAさんからBさんへ正しく伝達されたかどうかというのは、Aさんが行ったこと

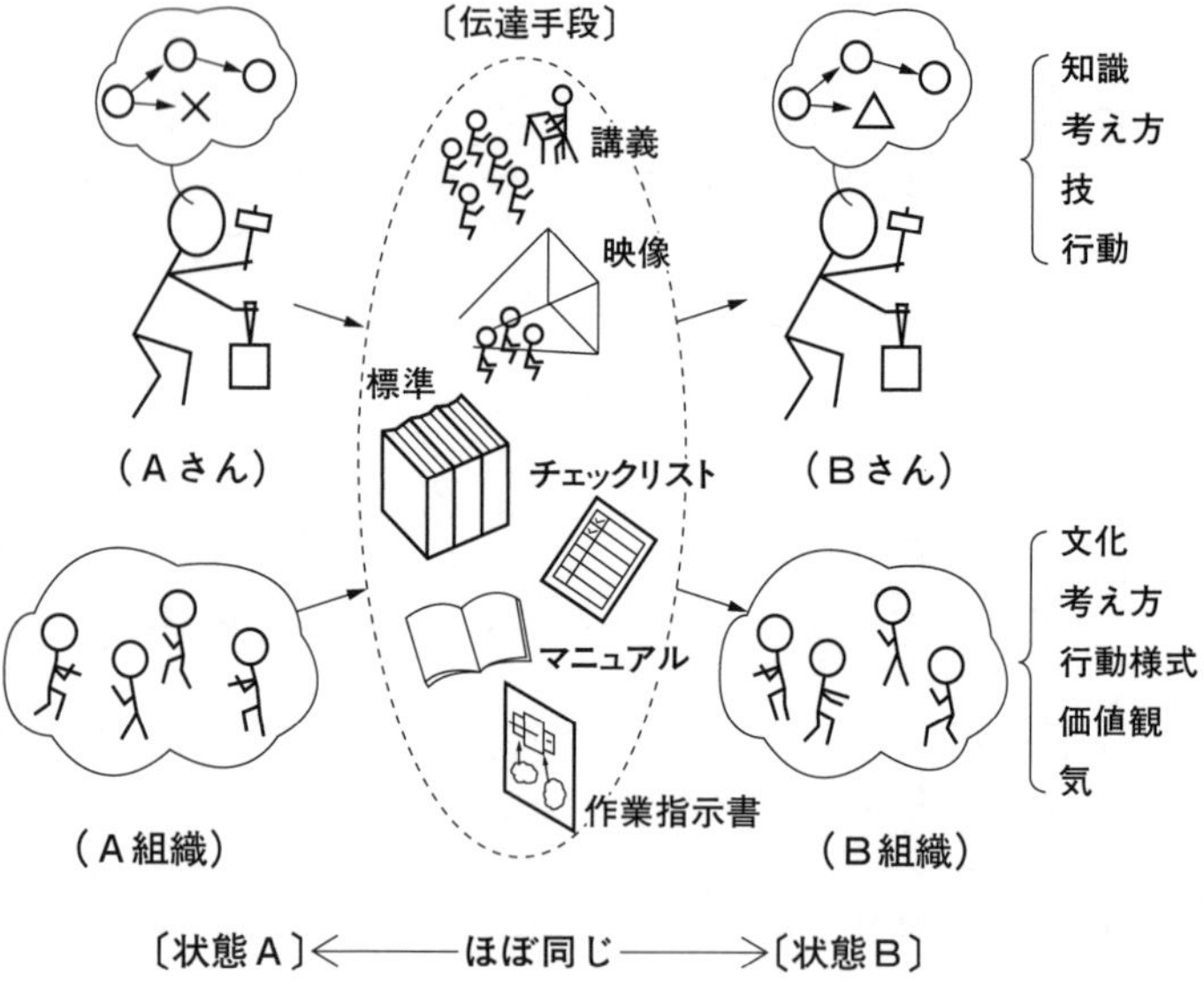

図2―1　技術が伝わるとはどういうことか
―AとBがほぼ同じであること―

とほぼ同じことをBさんができるようになったかどうかでわかります。

Bさんが A さんと同じことができるようになったということは、知識・考え方・技・行動がほぼ同じにできるようになったということを意味します。

組織間の伝達もこれと基本的に同じですが、伝わったものの中身が多少異なります。A組織が持っていた技術がB組織に伝わったかどうかは、組織内の個人の行動は多少違っていても、A組織と同じことをB組織ができるようになったかどうかで判断することができるという点は同じです。個人のケースと異なるのはその中身で、A組織の持っている文化や考え方・行動様式・価値観あるいは気（その組織の中にいる者の判断を左右する雰囲気のようなもの）とほぼ同じものがB組織でできたとき、技術が伝わったとすることができるわけです。

つまり、技術を正しく伝えることができたかどうかは、結果として生じたものが、伝えようとする中身とほぼ同じになっているかどうかで決まります。**伝える側が、いくら「伝える」という動作を必死になって積み重ねたところで、結果として伝わっていなければ、それは「伝えた」ことにはならないのです。**

「伝える」のではなく「伝わる」

ところが、世の中の多くの人たちは、技術は「伝える」という動作を正しく行いさえすれば必ず「伝わる」と信じています。ですから、正しく伝達するために、伝える動作に様々な工夫をして磨きをかけるのです。しかし、残念ながらこれは誤解なのです。

Aさんの持つ技術をBさんへ伝える個人間の伝達を例にもう一度考えてみましょう。AさんのB頭の中にあるものがBさんの頭の中に入り、Bさんがやったことがさんがやっていることとほぼ同じ状態になることを「伝わった」とすると、技術を伝えるときに最も大切なのは、Bさんという伝えたい相手の頭の中を、Aさんという伝えたい技術を持っている人の頭の中といかに同じにするかということです。

企業や学校などではそのための教育制度を用意し、伝達をサポートする教材をつくって積極的に活用しています。しかし、そのようにしてもなかなかうまく伝わらないのが現実ですが、ここであらためて考えなければいけないのは教育制度や教材の位置づけです。これらはすべて伝達のための手段にすぎないことを忘れてはなりません。

もちろん、技術を効率よく伝えるためには、伝達手段を充実させることも必要です。しかし、いくら伝達手段を充実させたところで、それが必ずしも結果に結びつくとはかぎりません。そのことを頭の中に入れておく必要があります。

技術というのは本来、「伝えるもの」ではなく「伝わるもの」なのです。結果として相手の頭の中に伝えたい内容を出来《しゅったい》させることができなければ意味がないし、そうでなくては伝えたことにはなりません。このときに伝える側が最も力を注ぐべきことは、伝える側の立場で考えた「伝える方法」を充実させることではありません。本当に大切なのは、伝えられる相手の側の立場で考えた「伝わる状態」をいかにつくるかなのです。

教育制度や教材を充実させるというのは、すべて伝える側の立場で考えた「伝える方法」の充実のための方策です。そのこともたしかにおろそかにできませんが、一方で「伝わる状態」がつくられていなければ、これらの努力は意味をなさなくなってしまいます。つまり、結果として相手の頭の中に伝えたい内容ができる状況をいかにつくるかという視点が伝える側に欠けていることが、期待したとおりに伝わらない最大の原因なのです。

たとえば学校教育で算数や数学を教える場合、多くの先生は公式は正しいからといってそのまま教えようとします。これは別に誤りではありません。余計な情報を一切削《そ》ぎ落とす効率のよい方法だともいえます。だから教える先生たちは、最も大切な部分だけを教えるのだから「いいこと」だと考えています。ところが、生徒にとっては、自分の身近な具体的な世界の知識を使うことができないので、「こんな勉強にどんな意味があるの」と興味も持てないし、疑問に思ってしまうのが現実です。学校教育の現場では、それが結果として勉強嫌いを増やす原因になっています。

形骸化

そうしたことの結果、起こっているのは、「伝えることの形骸化」です。

たとえば新人研修。メニューが盛りだくさんの新人研修も、受ける新入社員の側からすると、自分たちが受ける研修にどんな意味があるかわからないので、結果として配属前のモラトリアム期間になっている場合がしばしばあります。

ＯＪＴなども多くの場合形骸化が進んでいます。ＯＪＴは先ほど述べたように、生きた知識を伝えることができる実践的な方法として期待されています。ところが、以前から当たり前のようにこの方法を技術の伝達に使っている伝統技術を扱う職場は別にして、一般の企業の教育現場では効果が上がらないケースがよく見られます。

この原因は指導を行う側の準備不足にあると思われます。ＯＪＴを行うためには、本来は指導者の教育から始めなければならないはずですが、実際には指導者用の教育はほとんど行われていないのです。しかも、指導者のほうは自分自身の仕事に忙殺されていることがほとんどですから、結局のところ後輩に対して何も教えることができなくて、指導内容も曖昧《あいまい》のまま「ＯＪＴを行っているフリをしている」というケースが多いわけです。

先輩から直接様々なことを教わるのは、後輩にとってはうれしいことのはずです。しかし、その中身が自分にとって必要性が感じられないものだとすると、逆にありがた迷惑なだけです。たとえば、先輩が自らの経験に基づいて自分でしか使えないものを伝えたところで、相手にはほとんど役に立ちません。このようなものは伝達する価値がないゴタクと同じで、聞かされるほうは「先輩の自慢話に付き合わされている」というくらいの印象しか持てないでしょう。

マニュアルなどはどうでしょうか。**マニュアルというのは、最初は誰もが使いやすいように、シンプルで薄いものであることが多いのですが、まわりの条件の変化などで追加される要求にすべて応えているうちに次第に分厚くなる〝宿命〟にあります。**

ですから**意識して定期的に見直さないと、すぐに固定化して実態に合わないものがそのまま居座ってしまうのがマニュアルの特徴**です。その結果、マニュアル自体が諸悪の根源になっていることさえあるのです。

私はこれまでいろいろな企業のマニュアルを見てきましたが、不必要な部分を捨てないケースでは、だいたい当初厚さ五センチのものが三十年後には三十センチくらいにまでなっています。一見するとマニュアルが厚くなるのは正しいことのように思えますが、詳細を検討して不要な部分を切り捨てるという作業を怠った結果でもあるわけです。

どんどん中身が増えて膨大な厚さになったマニュアルは、中に書かれている事柄の関連が複雑になり、読んでもよくわからないものになっています。そのようなものは現場でも使えないし、教育用の手本にもなりません。これではマニュアルが存在する意味がなくなってしまうので、全部を定期的に見直し、新たな内容を加えるときには加える量に相当する古い内容を捨てるといったことを行う必要があるのです。

そのようなメンテナンスをきちんとしなかった場合、マニュアルは使う側にとり、見るのも嫌な使いにくいものになってしまいます（たとえば電気機器の取り扱い説明書など見るのも嫌だ、という人も多いでしょう。マニュアルというのは、必要なものだけれど、丁寧に書こうとすればするほど、どんどん使いにくくなるというジレンマがあるのです）。

そうなった場合、いちばん怖いのが形骸化による「マニュアルの無視」です。マニュアルを無視して「現場の決まり」で作業が動くようになり、気がつくと「現場の決まり」しか知らない人々が作業をするようになると、いずれ間違いなく大きな事故が発生します。

試験による強制の効果

もちろん、伝える側もそのあたりのことはよくわかっているので、伝える相手のやる気をいかに促すかを考えています。たとえば、学校で行っている試験などはその方策の一つでしょう。これは企業でも取り入れていますが、試験結果によって評価を行うと脅すことで相手に勉強をすることを強制しているわけです。

とくに社会人の場合は、試験の成績が人事評価に直結します。そこで良い点をとるか悪い点をとるかでその後の会社における人生が変わってしまう可能性もあるので、脅すことの効果は絶大です。試験を通じたアメとムチによる強制です。このように、どこまで伝えたことを理解しているかを試験で確認されるようになると、嫌でも勉強する人は確実に増えるでしょう。

しかし、そのことと大切な知識が本当に伝わっているかどうかは別問題ではないでしょうか。

私はここで「試験は意味がない」などというつもりはありません。これまで大学でたくさんの学生を見てきましたが、その中には強制されないとなかなか学ぼうとしない怠け者もたくさんいました。このような人たちは、試験がなければ一切勉強しないかもしれませんから、ケースによっては試験などで脅すことも有効だと思います。また、これとは反対に、試験で良い点をとることが励みになって頑張って勉強ができるという人も世の中にはいます。このように具体的な目標設定ができるのはいいことで、与えられたものをただ漠然と勉強するよりはよっぽどマシです。

そう考えると、試験というアメとムチの効果があるものを使うのはたしかに有効です。しかし、それは必要な知識を確実に伝達する「方法」としてです。逆に言えば、この方法では必要最低限のことしか伝えることができません。つまり、アメとムチを使う方法は、技術を伝える方法として決して理想的なものではないのです。

世の中には、強制されて行う勉強以外に様々なことを自主的に学んでいる人がいます。このように黙々と勉強して自分の中に新しい知識を蓄えておくことはたいへん重要です。とくに若いときに様々なことについてしっかりと考えておけば、そのことを一生使うことができます。いつ使うかわからない知識であっても、歳を取ってから学んだことの効果が表れることもあるので、こうした愚直な努力は決してばかにできないわけです。

このような勉強は、アメとムチを使う方法では決して長続きしません。逆に勉強を強制されることで、勉強そのものが嫌いになってしまうかもしれません。自主的に学習する意欲というのは、誰かに強制されて培うことができるものではないのです。

理解の壁

図2―2は、正しく伝えようとしてもなぜ伝わらないかについて、人の頭の中はどうなっているのかを、私なりに整理してみたものです。

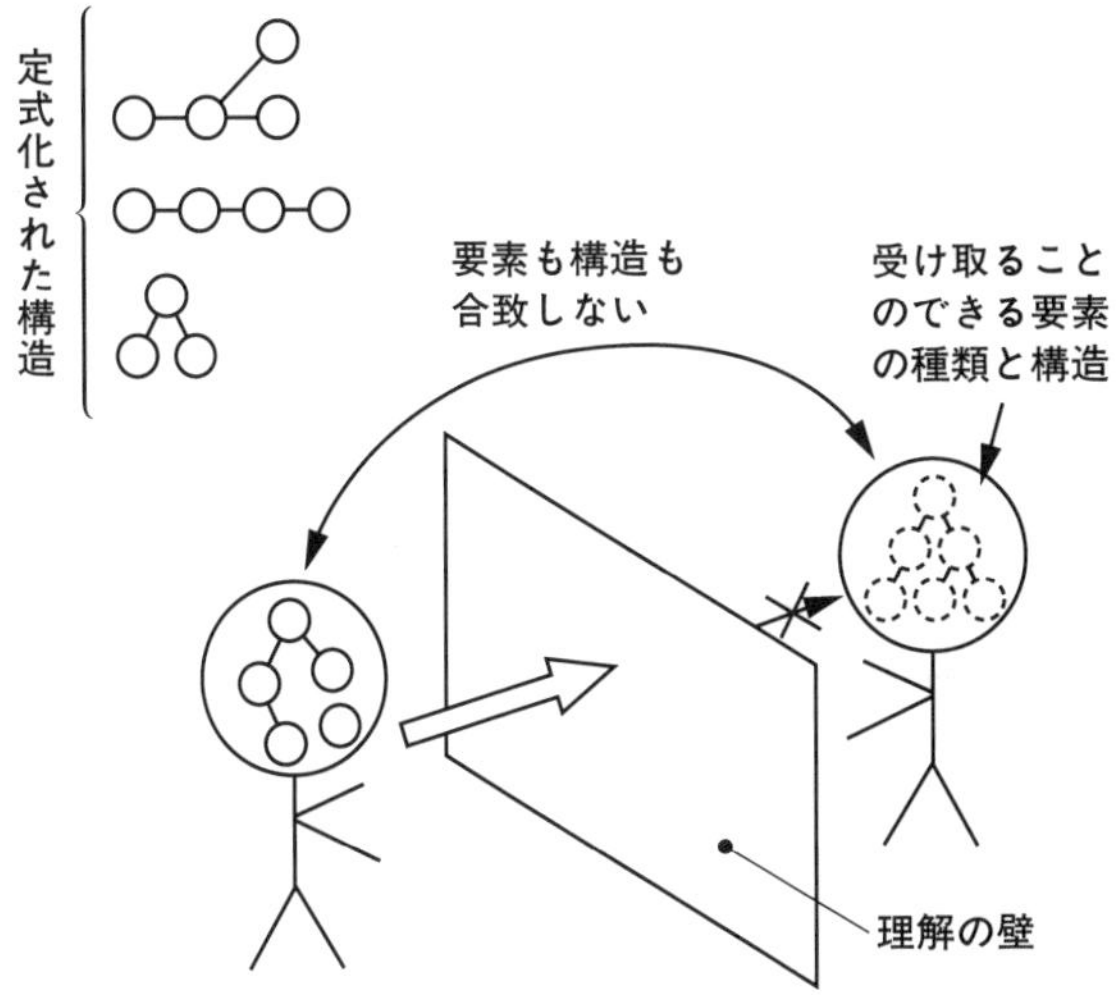

図2—2　なぜ伝えようとしても伝わらないのか

伝わらないことの最大の原因は、ここにあるように知識を伝える側と伝えられる側の間にある「理解の壁」にあると私は考えています。

ちょっと抽象的な話になりますが、知識というのは関連する要素の組み合わせによってつくられたある一つの構造になっています。そのことを頭に入れてこの図をもう一度見てください。知識が正しく伝えられるかどうかは、伝えられる人が頭の中にどのような構造を持っているかで決まります。そして、きちんと伝わった状態というのは、伝えたい人が頭の中に持っている知識の構造が伝えられる人の持っている構造と一致したことをいうのです。

しかし、このように定義してしまうと、人間はもともと理解していること以上のものは、理解できないことになります。もちろん実際にはそのようなことはないので、もう少し補足説明をしなければなりません。

伝えられる人が頭の中にもともと持っている知識の構造とは、「理解のためのテンプレート（型紙）」のようなものです。これと相手が示した知識の構造が完全に一致したとき、「理解できた」となるのは間違いありません。しかし、仮に完全に一致するテンプレートを持っていなくても、似たようなテンプレートさえ持っていれば、その場で新しい理解のためのテンプレートをつくっていくことが可能なのです。

実際、はじめて知るようなことでもすぐに理解できることはあります。それは自分の頭の中に似たような知識があるからで、いわば頭の中の引き出しにあるテンプレートを加工することで理解が可能になるというわけです（理解のテンプレートの話は拙著『畑村式「わかる」技術』（講談社現代新書）に詳しく書いてありますので、よければこちらもご覧いただければと思います）。

ところが、その知識を構成する要素を一切知らないし、同じ構造のものもまったく知らない場合は、残念ながら理解のためのテンプレートを新しくつくることはできません。これが技術を正しく伝えることを阻んでいる「理解の壁」なのです。

でもここであきらめてしまっては、絶対に伝えることなどはできません。伝える側と伝えられる側の間にこのような大きな壁があるときに、相手に伝える方法はふたつあります。

ひとつは、相手にその知識を構成する要素や共通する構造について学習してもらうことです。つまり伝える前の準備をさせるということです。もう一つの方法としては、相手が持っている理解のためのテンプレートに合わせる形で、伝える側が知識を伝えるという方法です。

ある程度の人生経験がある人は、取っかかりさえ見つかればそこから理解のためのテンプレートを新たにつくることができます。その意味でも、相手に合わせるというのは技術の伝達を行うときの手段としてはたいへん有効なのです。

世間には、「あの人の話はわかりやすい」といわれる教え上手がいます。こういう人たちは、相手が持っている理解のためのテンプレートに合わせながら知識を伝える能力に優れていると考えられます。相手の見方、考え方がわかっているから、最も理解しやすい形で知識を提示できるというわけです。

ところが、たいていの場合は、伝えられる側の事情などおかまいなしで知識の伝達が行われています。このことは先にも述べましたが、伝える側が伝えたい形で教材をつくり、それを一方的に押し付けるようにして知識を伝えているのです。これでは理解できない人がたくさん出てくるのは当たり前で、技術を正しく伝えることなどできません。

たとえば、多くの企業では事故の事例集とか失敗の事例集がつくられています。これらは過去に失敗したり事故を起こした人たちやその人たちから話を伝え聞いた人が、「次の人たちに同じ轍《てつ》を踏ませたくない」との思いから貴重な経験をまとめたものです。しかし、苦労してせっかくまとめている割には読んでいる人は少なく、事故や失敗の再発防止にほとんど役立てられていないのが現実です。

事故や失敗の事例集は本来、読む人間の興味をそそる話が書いてあるはずです。それなのになぜ利用されないのでしょうか。

実際に多くの事例集を読むとその理由はすぐにわかります。事例集を読んで事故や失敗の再発防止に生かすのは、書いた人ではなく読んだ人たちです。しかし読んでも、それを生かせるような役に立つ形にはなっていないのです。

たとえば、一般の事故事例集や失敗事例集の多くは、失敗を「原因」と「結果」のふたつに分けて考えています。原因があってその結果として失敗が起こるという単純な構造で捉え、たくさんの事例を並べてその説明や解説を行っているのです。この考え方でいく

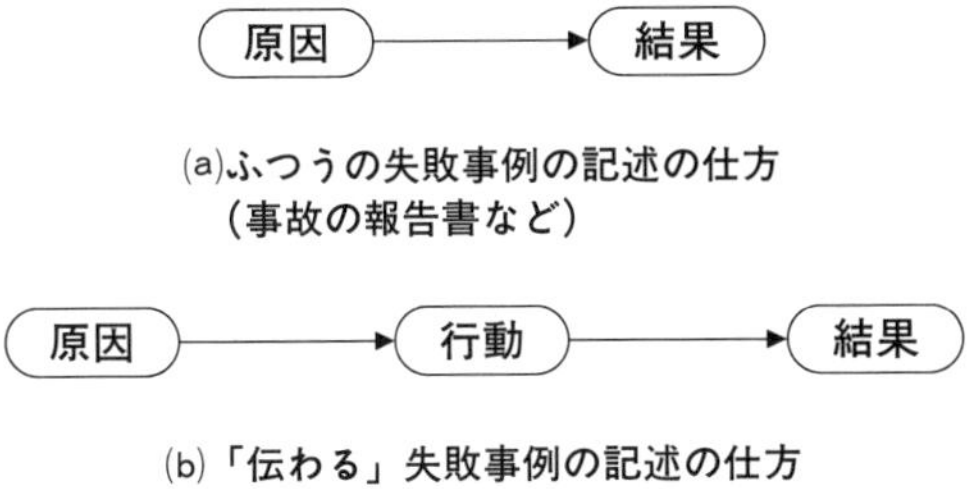

図2—3　失敗事例の記述に必要な項目

と、原因さえ取り除けば事故も起こらないということになります。しかし、実際には原因があるだけでは必ずしも失敗は起こらないので、事例集で示されている事柄から導き出される解決策では役に立たないのです。

じつは原因と結果の間には、必ず人間の行動があります。すべての失敗はヒューマンエラー、すなわち人的要因が主因となって起こるのです。ですから失敗に至るシナリオを考える際は、必ず原因、行動、結果の三つを最低限検討しなくてはいけないのです。するとある失敗がどのような形で起こり、どのような結果をもたらしているかがよくわかります（図2—3）。

このような見方をしないと失敗の話は正しく伝わらないし、せっかくの知見を受け取っても失敗防止に役立てることができないというのが、私が失敗について長年研究して得た一つの結論です（ちなみに、この考え方は、科学技術振興機構〔JST〕の「失敗知識データベース」

づくりに生かされています。データベース自体は現在、インターネットのサイトを通じて誰もが無料で使える形になっているので、興味のある方はぜひ活用してみてください。http://shippai.jst.go.jp)。

世の中にはまだまだ、伝える側の都合だけでつくられている「伝える」教材がいっぱいあふれているのです。

第３章　伝えるために大切なこと

「受け入れの素地」

前章では、多くの現場で伝える側がいろいろな努力をしているにもかかわらず、なぜきちんと伝わらないのか、その理由として伝える側に大きな誤解があるからではないかという話をしました。

この章では、では伝えるためにどうすればよいのか、そのポイントを説明していきたいと思います。

その前提として、前章の話からも言えるのは、**「伝わる・伝わらない」は伝えられる側の知識を吸収しようとする意欲に大きく関係している**ということです。はじめて見聞きするような知識に関しては、伝えられる側はそのことを吸収する価値さえわかりません。その状態で知識を一方的に押し付けられても、頭の中にすんなり入ってこないのは当然です。

実際、作業に携わったことがない人がいきなりマニュアルや作業指示書を見せられても、さっぱり理解できないでしょう。それぞれの標準や手順が決められた意味や理由がまったく見えないし、その通りにやらないとどうなるのかさえ想像できないからです。だいたいこのような状態では、定められていることを守るメリットさえわかりません。それなのに「マニュアルに書かれているとおりに覚えなさい」などと言うのは、相手にとってはそれこそ苦痛以外のなにものでもありません。

誰だって嫌なこと、苦痛を伴うことはやりたくないので、これでは無意識のうちに覚えることを拒否してしまうことになるのです。

また、試験などの強制によってむりやり覚えさせる方法もありますが、それはしょせんは試験用の強制的な学習であり、きちんと身につくものではありません。とくに嫌々学習をして覚えたとしたら、忘れ去るのもあっという間でしょう。

一方、自ら望んで知識を吸収する場合はそのような心配はありません。それどころか理解のためのテンプレートがつくりやすくなると考えられます。それは**自発的に動くことで、「受け入れの素地」が自然につくられる**ことになるからです。**「受け入れの素地」というのは、頭の中が「新しい知識を吸収できる状態になる」ということ**です。また言い方を変えると、「動機づけ」ができるということです。

この「受け入れの素地」を頭の中につくることは、伝えられる側にとっては非常に重要です。これがあって伝えられるのと、ないままに伝えられるのでは、その吸収力に格段の差が出てくるのです。

これは余談ですが、人生のなかで子どもから大人になる思春期という時期は、自分で受け入れの素地を頭の中につくる時期という見方もできるのではないでしょうか。

子どもの頃は大人たちから守られた状態にあり、主体的に行動する範囲は狭く、大事なことは親や学校の先生などの指示で決められます。それが窮屈だと反発することもありますが、そうした反発も成長してみると、大人たちの手の内だったなあと気づくのです。

ところが大人になるとこのような庇護《ひご》はなくなり、自分がどのように行動するか決めるのは基本的には自分自身です。このように誰かが行動を決めてくれる状態から自分自身で行動を決める切り替えの時期がまさに思春期なのです。

この切り替えは、最初から自分がなすべきことが見えている人にとってはそれほど難しいことではありません。しかし、実際はそれがうまくできずに多くの人たちが壁にぶつかっているのが現実です。この壁は、子どもから大人へと成長する過程で誰もが必ず越さなければならないものです。ただし、壁の高さは人によってまちまちで、比較的簡単に乗り越えてしまう人もいれば、中には大きな壁にぶつかってつまずき、乗り越えることを放棄して自分の殻に引きこもってしまう人もいます。

不思議なのは、壁に跳ね返されて引きこもってしまった人でも、ある日突然、壁を乗り越えてしまうこともあるということです。これは関心のあるものや熱心に取り組むことができる価値のあるものを見つけたときに起こります。このようなものに出会ったとき、人間は自発的に行動を始めることができるのです。本当の学習もここから始まるのではないでしょうか。

受け入れの素地を意識的につくらせる

伝えられる側の頭の中に受け入れの素地をつくることの重要性について説明してきましたが、それでは、いったいどのようにすれば、受け入れの素地はつくることができるのでしょうか。

じつは、これは伝える側の工夫で意識的につくり出すことができます。

たとえば、私は自分が提唱する失敗学を通じて、新しく知識を獲得するためには、まず行動して失敗を経験したほうがよいと、すすめています。それはこのような体験をすることが、受け入れの素地づくりにつながると考えているからです。人間は失敗をした瞬間、「つらい」とか「悔しい」という気持ちが心の中に生じます。このような意識になることが大事で、そう思えた人は失敗を繰り返さないために自ら新しい知識を獲得するための行動を始めるというわけです。

もちろんこのときの目的は別に失敗することではなく、まず行動をすることでその技術なり知識なりがどのように必要かを自分自身の肌で感じることです。とはいえ、人間がはじめてのことにチャレンジすると、その結果は非常に高い確率で失敗に終わります。

もちろん別に誰も失敗したくて行動する人はいません。だから最初から失敗することを怖れて行動しない人も多いのですが、結局行動しなくてはそれ以上の成長もないので、失敗学では失敗を怖れずに行動することを強調しているわけです。

そして、そのように行動した人は、その結果にかかわらず、受け入れの素地をつくることができます。誰かに強制される形ではなく、自ら望んで技術の獲得に動くようになるのです。

私は大学を出てからまた教員として大学に戻るまで、二年間だけ日立製作所にいたことがあります。私の希望は、ダイナミックに動き回る機械の設計を行うことでした。その当時(一九六〇年代後半)は、国内のほとんどのメーカーは外国の企業から技術を導入している時代で、独自の技術で勝負しようとしていたのは、日立のほかではコマツとトヨタぐらいでした。そこで私は三社の中から最終的に日立製作所を志望したのです。

その選択は大正解でした。というのも就職後、当時の工場長は私に「本当のものづくりを学ぶ気なら、単なる理屈でやるだけじゃだめだ。まず体得することが大切だ」といって、一切設計の仕事をさせず、一年間は工場内の機械、検査の現場で数ヵ月ずつの体験実習をさせてくれたのです。旋盤工からはじまって、溶接工、組み立て工の仕事、さらには試作車の耐久試験までやらせてくれたのです。その間は毎日、現場作業者と同じ仕事を行いました。

この一年間は私にとり、大きな財産になったのです。

失敗もしましたが、現場を経験することで、設計を行うときになにをどのように注意すればいいのか、かなり細かい部分まで考えられるようになりました。それは機械に触ったり現場に出たりする経験があるとないとで、これほどまで知識の吸収に差が出てくるのかと自分でもわかるくらいのちがいでした。おそらく機械が実際に動く現場を知らないで、最初から設計に回っていたら、本当にちゃんとした機械を設計することなどはできなかったのではないでしょうか。設計者としての私の受け入れの素地をつくってくれたのは、間違いなく日立製作所における一年間の実習経験でした。

もちろんただ経験させるだけで、誰しもこのような状態になるとはかぎりません。私の場合、大きかったのは工場長がいつも見守っていてくれたことです。仕事に厳しい人でしたが、たいへん面倒見がよく、私が毎日書く日報にも、必ずコメントをつけて返してくれました。

結局その後、大学からの要請で、大学に戻ることになったのですが、私はその後、日立での私の経験と同じようなことを、学生たちに授業を通じて感じてもらいたいと思い、企業の協力も仰ぎながら、まず実物を自由に触らせる体験実習を取り入れました。そして事実、この体験実習を行ってから実際の設計の学習に入ると、学生たちの吸収スピードも格段に上がります。

私の場合は、工場長は「とにかくやれ」と遠くから見守ってくれる感じでしたが、その後、様々な体験をする中で、**相手をその気にさせるには、うまくいったときは、「きちんと褒める」ということも大変有効**であることがわかりました。その効果は大きく、たとえば知識が正しく伝わったときに相手を褒めただけで、知識の吸収のスピードはふだんの二倍程度になるという印象があります。

その反対に、**受け入れの素地もできず、本人が嫌々やっている場合は最悪で、吸収率はおそらくふだんの五分の一程度**ではないでしょうか。この数字はあくまでも私の実感から出てきたものですが、**その気になって取り組んでいるか嫌々やっているかで知識の吸収力は十倍違ってくる**わけです。これくらい伝えられる側の気持ち、やる気といったものは重要なものだと私は考えています。

脳の欲求を利用する

アメリカの心理学者マズローは、人間の行動は無数の基本的な欲求によって動機づけられているという説を唱えています。この欲求には階層性があります。

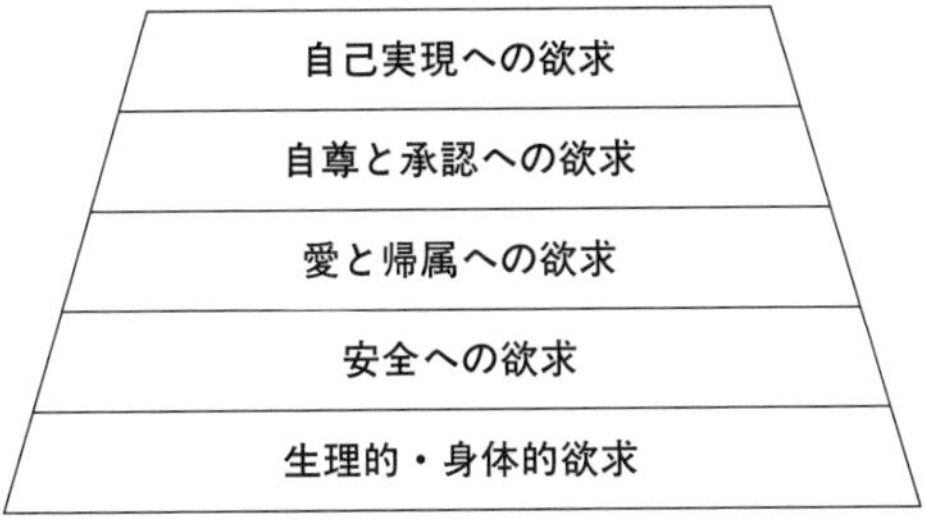

図3—1　マズローによる人間の5段階の欲求

守友貞雄「エンジニアの失敗と成長」『失敗に学ぶものづくり』(講談社)、2003年

これを表したのが有名な五段階の欲求の図です（図3—1）。そこで最上位に位置づけられているのは、自己実現への欲求です。そして、以下自尊と承認への欲求、愛と帰属への欲求、安全への欲求、生理的・身体的欲求と続きます。

ここにあげた欲求は、すべて人間が持っているものです。そして、下位層に行くほど欲求の質は下がります。最も下位に位置づけられている生理的・身体的欲求などは、動物でもこれに従って行動していることが認められているものです。また、サル山のボスのように、自尊と承認への欲求を持っている動物もいます。

しかし、自己実現への欲求だけは人間以外の動物には見られません。その意味では、自己実現の欲求こそが過去の技術や文化を礎《いしずえ》にして進化していく人間の社会をつくっている源であるというふうに考えることができます。個人ではそれは成長ということになるでしょう。自己実現の欲求こそが個人の成長をいちばん促すのです。

　一方、最近では脳科学者にも脳の研究から似たようなことを考える人が増えています。脳は人体におけるＣＰＵ（コンピュータの中央演算装置）のような存在です。しかし脳とＣＰＵの大きな違いとして、ＣＰＵはプログラムさえ合っていれば、データを入れるとどんな状況でも、同じ答えを同じスピードで返すのに対し、脳の場合は、脳自体も欲求を持っていて、その欲求に合った行動をするときに、より大きな力を発揮するというのです。

　たとえば二〇〇三年に惜しくも急逝された人工頭脳の研究で知られた理化学研究所の松本元《げん》さんも、**脳がより動くためには、動機づけ、意欲といったものが大きな影響を与える**と、語っていました。

　最近は脳内の調査方法の発達により、脳の活動の様子が次々と明らかになっています。この代表的な方法がＭＲＩと光トポグラフィです。ＭＲＩは、磁場と電波で体内の状態を把握し、そのデータをコンピュータを使って画像化する方法です。一方の光トポグラフィは、近赤外光を用いて、脳内の血液の発熱量の変化を計測することで脳の働きを調査します。

　たとえば脳内の活発に活動している部分では、ヘモグロビンが酸化して発熱しています。ということは、その発熱部分を調べることで、どのような部分がどのようなときに活発に活動しているかを外側から観察することができます。

この調査によってわかったのは、脳の中で繰り返し使われた部分では、脳細胞、神経細胞同士がシナプスで繋《つな》がり、その伝達経路である軸索《じくさく》が太くなっているのです。また、そのまわりに絶縁層である髄鞘《ずいしょう》が厚くできあがり、他の部分の二百倍の速度で信号が伝わることも明らかになりました。

つまり、私たちの脳は、使い方次第で自分の脳の中に超高速の思考回路をつくることができるのです。

たとえば受け入れの素地をつくって能動的に脳を使うことと、嫌々受動的に知識を頭の中に入れることで、どのくらい脳内神経の形成が変わってくるのか、まだ正確なことはわかりません。私はもちろん大きな差があるのではないかと予測しているのですが、このことも近い将来証明されるのではないかと期待しています。

伝えるための五つのポイント

以上のことを念頭に置いて、技術を正しく伝えるためにはどうすればいいか、あらためて私なりの考えを簡単に整理しておきたいと思います。正しく伝えるためのポイントは次の五つです。

1　まず体験させろ
2　はじめに全体を見せろ
3　やらせたことの結果を必ず確認しろ
4　一度に全部を伝える必要はない
5　個はそれぞれ違うことを認めろ

一つめは、「まず体験させろ」です。うまくいくコツ、方法を教える前に、まずやらせてみるのです。

たとえば習字だったら筆を持たせて書かせてみる。スキーだったら板を履いて滑らせてみる。設計だったら機械に触らせてみる。仕事でも（もちろん外部に迷惑がかからない範囲で）やらせてみる。当然最初はよくわからないわけですからうまくいきません。しかしそうしたことによって、もっと知りたい、できるようになりたいと、受け手の頭の中に受け入れの素地ができれば、その後の伝達ははるかにスムーズに進むでしょう。

二つめのポイントは「はじめに全体を見せろ」ということです。

もちろん全体を見せるというのは、最初からすべてを理解させるという意味ではありません。たとえば仕事の全体像をいきなり見せても、最初は何のことかわからないでしょう。

しかし最初に全体を見せることで、自分がこれから学ぶことが全体の中でどのような役割を果たしているのか意識することができます。「自分が何のために学ぶのか」を知ることによってモチベーションもあがるので、これもまた「受け入れの素地」をつくることに役立ちます。

また全体を見る経験をしておくと、あるひとつのことがらが全体の中でどのような役割を果たしているかにまで考えが及びやすくなるので、伝達したことが表面的な理解で終わることはなくなります。さらにこれは後述しますが、全体を見る訓練は自分で企画を立てるためには、欠かせない要素です。

三つめが「やらせたことの結果を必ず確認しろ」です。これは前章でも触れましたが、多くの場合、伝える側は何かの方法で技術を伝達したら「これで自分の役割は終わった」と思い込んでいます。自分は正しい方法できちんと伝達したので、理解できないのは相手の責任と考えているのです。しかし、前述したように伝わったかどうかは相手が伝えた内容と同じ行動を取れているか、その結果でしか判断できません。だからきちんと結果を確認することは伝える側の大切な役割なのです。

その結果がよければきちんと褒めること。そして結果が悪ければ、なぜ伝わっていないのか、これは相手の問題だけではなく、伝達する側にもなんらかの問題があることが多いので、きちんと検証することが必要です。

四つめのポイントは、「一度に全部を伝える必要はない」です。ポイントの二つめで「はじめに全体を見せろ」という話をしていますが、全体を見せるからといってすべてを最初から伝える必要はありません。習い事では必ず初心者、初級、中級、上級といったクラス分けがあり、それに応じた教則本などがありますが、仕事でも同じことです。最初からすべて伝えようとしても、初心者がその技術に関するすべての知識を吸収できるはずはありません。

このことは次章で詳しく解説しますが、知識には階層性があります。これは伝達も同じで、その人のレベルによって吸収できる技術の幅や深さは変わってきます。つまり、知識を吸収できる素地もレベルによって異なるのですから、実際の伝達に際しては相手のレベルに応じたやり方をすべきなのです。

そして最後は「個はそれぞれ違うことを認めろ」です。これは意外に伝える側に意識されていないことであり、難しいことでもあります。

しかし理解の方法や度合いは人によって異なります。そのことを無視して伝える側の論理だけで伝達を行っているかぎり、知識が正しく伝わることはありません。

技術を正しく伝えるには、伝える相手の側に立って教育制度や教材などの伝達方法を考える必要があります。スポーツが苦手でまったく興味を持てない人に、サッカーをたとえに使って伝えようとしてもチンプンカンプンなのは当然です。

そして、これらはすべて相手を知ることから始まります。そのためにも、まずは技術を伝えたい相手の状態をじっくり観察することから行わなくてはいけないのです。

技術をむしり取れる環境こそ理想

本章で述べてきたことは主に、技術を伝えるためには、まずやらせてみたりすることで、伝えられる相手の頭の中に「受け入れの素地」をつくることが大切なのだということです。

知識の伝達というのは、基本的には相手に素地があるかないか（素地ができるかできないか）で、大きく結果が変わります。

よく「人は自分で見たいものを見て、聞きたいことを聞く」などと言われますが、いちばん自分の頭の中に入る知識は、自分で行動して自分でつくり上げたものです。

そういう意味では技術の伝達の形も、行動型、能動型（アクティブ型）、アウトプット型

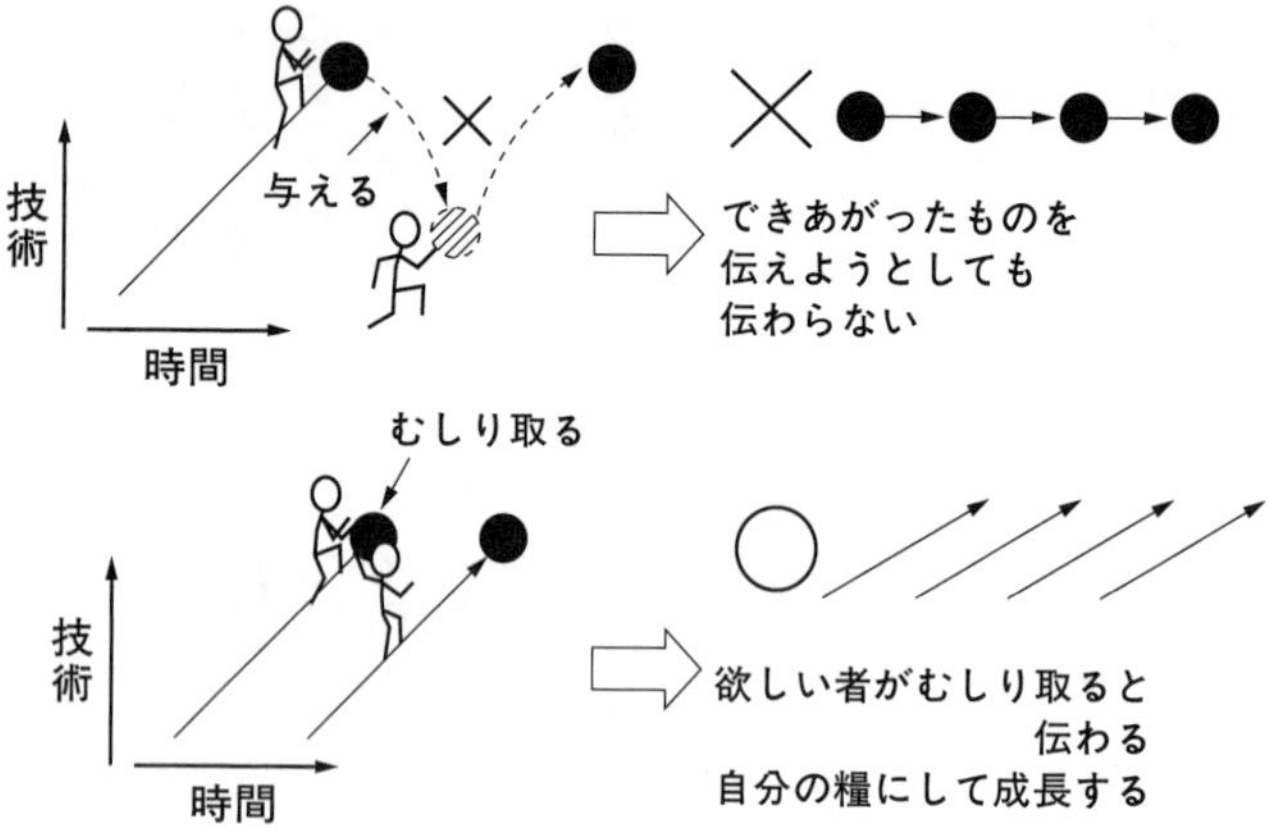

図3―2　組織としての技術の伝達と個人の成長

(第5章参照)で行う必要があります。

つまり、**できあがった形をそのまま伝えるのではなく、欲しい人が自分でむしり取るの**です(図3―2)。

そのためにはまず、伝えたい相手が知識を自ら学びたいと思う場所、むしり取れる場所をつくらなければなりません。これには宮大工やたたら製鉄など、伝統技術に携わっている技術者が後継者を育てるために行っている方法が参考になります。

私は技術の伝達の実態を調べるために、伊勢神宮の遷宮において総棟梁をされた経験を持つ宮間熊男さんやたたら製鉄の現場の総責任者(村下《むらげ》という)の木原明さんを何度も訪ねました。そこで感じたのは、これらの場所は技能取得のための環境としては、理想の場ではないかということでした。

ふたつの場所で共通していたのは、ともに尊敬する先輩と一緒に作業をしながら技術を自らが学べ、むしり取れる場になっているということです。

宮大工やたたら製鉄といった場所には、一般企業のように技術の中身について詳細なことを文章化したマニュアルや作業標準書のようなものは用意されていません。一方で、尊敬する先輩と共に作業を行う環境が整っています。未来の後継者たちは、技術を取得しなければ仕事ができません。しかしだからといって先輩たちから親切に手取り足取り教えてもらえるわけではありません。向上心を持っている人は、その中で技術の取得を渇望しながら、先輩の一挙手一投足を観察しているわけです。

しかも、自分の担当する仕事の範囲は狭くても、工程の最初から最後まで見ることができるので、おぼろげながらでも全体像は見えています。そこで状況ごとに先輩が行っている判断と行動を脇で見ているうちに、自分の頭の中に取得すべき技術がインプットされてきます。なおかつ職場自体が実践的な場所なので、こうしてインプットしたものをすぐにアウトプットし、それに対し先輩のチェックを受けることができるのです。

このように主体的に自分で行動し、実践できる場があると、技術の習得もスムーズにいくのです。

第４章　伝える前に知っておくべきこと

伝えるものの種類

この章では、技術を伝える側が事前に知っておくべきことについて説明します。まず知っておくべきことは、伝えるものには種類があるということです。

たとえば、**意図して伝えたり強制してでも伝えるべきものには、「知」「技」「行動」があります。**これらは正確に伝えておかないと、組織が行っている活動ができなくなってしまうものです。

ここでいう「知」は組織の人間なら誰もが共有すべき生産活動に必要な知識のことです。この知を伝えなければ組織の中で動くこともできません。

「技」は本書でいう技術よりも技能に近いニュアンスのもので、それぞれの作業に必然的について回る行動や判断のことです。これもまた正確に伝えなければ確実な生産活動はできません。

次の「行動」は技とも呼べない「ごく当たり前」の行動のことで、たとえば安全のための行動がこれに当たります。

また、**とくに伝達することを意識していないものの、すべての活動を通じて自然に伝わったり、伝わってほしいものもあります。それは「価値観」や「信頼感」「責任感」とい**

った「**企業文化**」「**気**」です。

組織の活動の中で「価値観」が共有されていないと、言葉が伝わらない、判断や行動に統一性が保てないなどのいろいろな不都合が生じます。場合によっては大きな失敗や事故の原因になります。

黙っていてもあいつがやってくれるという「信頼感」や、自分がやらなければならないという「責任感」は、なかなか強制しようとしても伝えられるものではありません。しかしこれらは伝えるというより組織の中にいる者が自然に感じ取って身に付けていくものです。実際、正しい企業文化を持っている組織では、その中にいる人に正しい文化が自然に伝わるものです。

企業文化よりもっと曖昧でなおかつ自然に伝わるものが「気」です。「気」とは組織に属する者全員を取り巻き、価値判断や行動の基準となっているものを表しています。これは組織の中では当たり前のものなので、自分がその組織の一員だとふだんは存在にさえ気づくことができないかもしれません。しかし、一度組織の外に出て見直してみると、明瞭にその存在がわかるというものです。

そうした必ず伝わって欲しいことのほかに、できれば伝えるもの、選択して伝えるものなどがあります。たとえば経営判断に関わる数字、専門性の高い知識などは、選択して伝えるものでしょう。

階層に合った技術を伝える

「伝えることには階層性がある」ということも知っておいてほしいことです。

前章でも伝える側の五つのポイントのひとつに「一度に全部を伝える必要はない」ということをあげましたが、これは知識や技術は階層性を持っているからです。

図4－1は、あるメーカーの中で求められている知識の種類と保有の程度をグラフ化したものです。縦軸で知識のレベルの高さ、横軸で知識の種類と幅を表しています。誰でもそうですが、図にあるように入社直後は持っている知識レベルも低ければ、知識の幅としてもかなり狭い状態にあります。

入社時の知識レベルは、いかにも心許《こころもと》ないという印象を与えます。だからといって作業を任せられないかというとそんなことはありません。実際の作業は他の人との連携で行われます。わずかな知識しか持っていなくてもできることはたくさんあるのです。

実際、現場で一人が担当しているのは非常に狭い範囲の事柄です。新人であっても教育を通じて関連する必要最低限の知識を保有することはできるので、現場に出してとりあえず仕事ができるようにさせるまでにはそれほど時間を要しません。知識の幅などは、実際

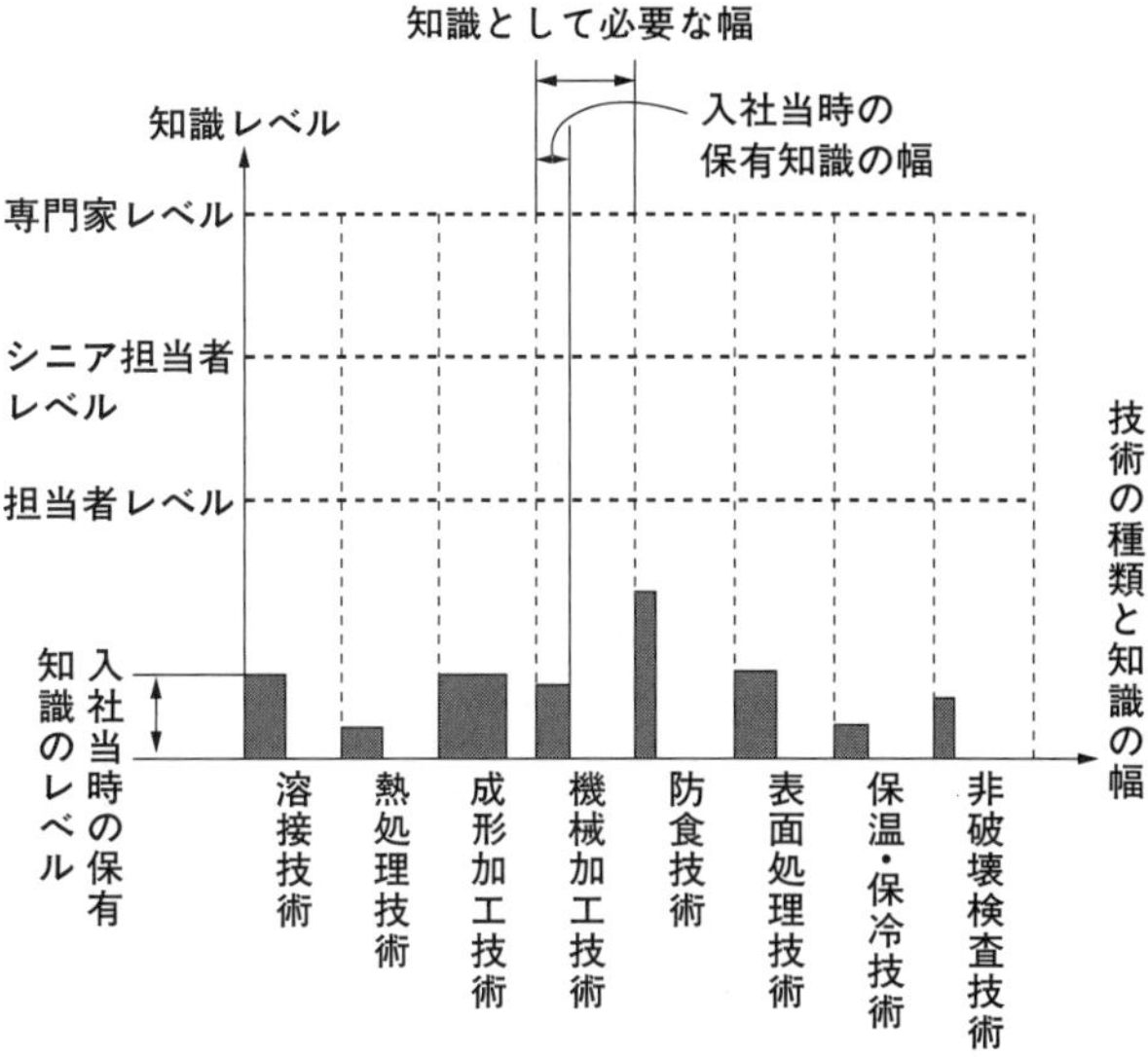

図4―1　保有知識の種類・幅とレベル

に仕事をする中で広めさせればいいのです。

もちろん、最初から高度な判断まで任せることはできませんが、そのようなものはそもそも新人に期待する役割ではないので一向に問題ありません。高度な判断を必要とすることは、高度な知識を獲得した熟練者がやればいいことです。初心者には初心者に合ったことをさせ、慣れるに従って徐々により高度な技術を獲得させればいいのです。

それよりもここで大切なのは、前章でも説明したように、レベルは低くても低いなりの仕事を与え、経験をさせるということです。

いまの話は技術の階層性を前提にした伝達方法について示したものです。ある技術を細かく見ていくと、その中にもいろいろな性格を持った知識や情報があることに気づきます。それはたとえば、黙っていても自然に伝わる知識もあれば、意図して伝えなければ伝わらない知識もあります。あるいは、強制してでも伝えなければいけないもの、できれば伝えたいがはじめのうちは伝わらなくても問題がないもの、一部のメンバーだけが知っていればいいものなどもあります。

これらはある種の階層性を持って積み重なっている状態にあります。その階層はそれぞれの階層ごとに伝達すればいいのです。すべてを伝えると、伝えられた相手は、膨大な知識を前に消化不良を起こしてしまうことになるからです。

このようなことを避けるには、その人の状態に合わせて必要かつ吸収できる知識だけを伝えるのです。技術を伝えるときには、すべての知識や情報を同じように扱わなければいけないということはないのです。

さまざまな階層性の連関

じつは伝えるという動作には、これ以外にも様々な事柄の階層性が関与しています。たとえば、組織の持っている階層性などもその一つです。

会社組織は、通常上から社長、重役、部長、課長、平社員がいて、人数は下に行くほど多くなるピラミッド型になっています。その中で命令や指示などの情報は上から下り、逆に下から上に対しては報告して判断を求めるという情報の動きがあり、これが伝達を左右する要素にもなっているのです。

また、行動のルールを定めている規則や決まり、法律にも階層性があります。これは上から順にいうと、絶対に守らなければならないこと、守るべきこと、なるべく守ること、できれば守ること、自分で判断していいことが階層的に並んでいます。絶対に守らなければならないことを守らなければ、その組織は社会から徹底的に責められることになります。場合によっては組織自体が消滅してしまうこともあるかもしれません。

もちろん、技術の決まりにも階層性はあります。こちらは上から順にいうと、国や世界が定めた決まり、社内標準、部内標準、グループ内の基準、自分流の決め方です。国や世界が決めた決まりに従った技術運営をしなければ、製品が外に出たときに大問題が起こります。ひどい場合には製品をすべて回収しなければならなくなるように、企業の命運がかかる重大事に発展するケースさえあるので決して侮ることはできないのです。

一方、技術の内容にも階層性があります。これは上から順にいうと、一部の人が持つべき深い理解、多くの人が持つことを望まれる理解、誰もが当然持つべき共通の理解というふうになります。

そして、大切なのは、これらの階層には関連性があるという視点を持つことです。

これらは一見すると、関連しているようには見えません。しかし、重ねて透視をしてみると、相互に関連していることに気づかされます。そして、このような視点を持つと、どの人にどの程度のレベルの知識を伝えなければいけないかが自《おの》ずとわかるようになります。相互の関連が明らかになって、そのことに関する立体的な理解ができるようになるので、知識が伝わらないことによって発生するミスが致命的な失敗になることもなくなるわけです（図4—2）。

その反対に階層の関連性が理解できていない場合は、守るべき決まりが伝わっていなかったり、担当者に必要な理解ができていないなどということが起こる危険があります。とくに絶対に守らなければならない決まりが組織のトップに伝わっていなかったり、選択された作業の責任者が、持つべき深い理解を持っていないときは最悪です。一つの失敗が組織の存続を左右しかねない致命的な失敗になる危険性があるのです。

全体像をつかませる

「はじめに全体を見せろ」という話も前章でしましたが、伝える前に、わかるわからない

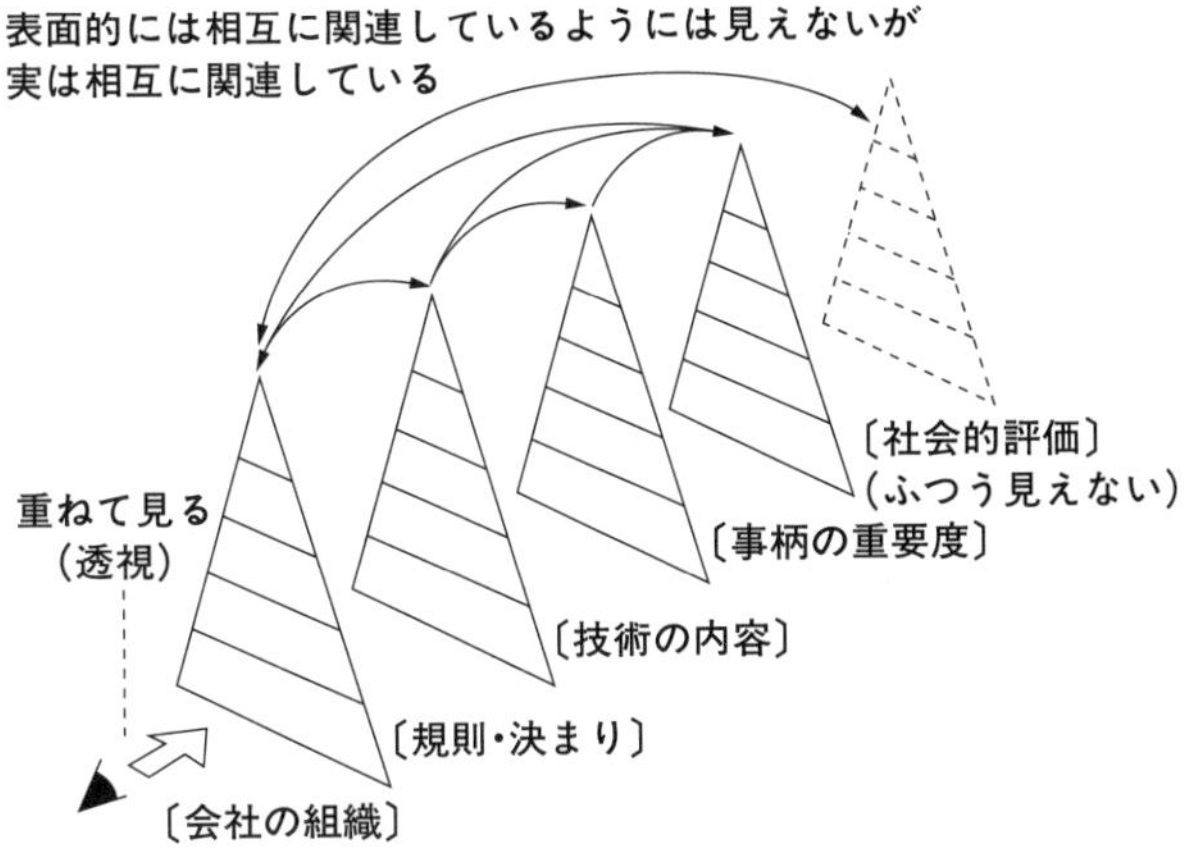

図4―2　様々な事柄の中にある階層性と事柄の間の関連性

は別として、「全体像をつかませる」ことは非常に重要です。全体としてどのようになっているかがわからないと、伝えられる側は伝えられた知識をバラバラのものとして理解してしまいます。この状態でも与えられた仕事をそれなりにこなすことはできますが、主体的に動いて問題点を発見したり、解決すべき課題を自分自身で設定できるようにはならないのです。

私は現在、様々な企業で「畑村塾」という講義と演習を組み合わせた研修を行っていますが、その研修での目的は、最終的には自分で新しい課題を設定し、解決策を提示できる方法を身につけてもらうことです。

そのとき課題設定をして、解決策を提示する方法として、「思考展開図」というものを使ってもらいますが、これは新しい考えを構築する手法として、私が大学の研究室の仲間とともに考え出したものです。

この思考展開図については拙著『創造学のすすめ』(講談社)などの中で詳しく解説しているので、ここでは概略だけを説明することにします。何かの課題が与えられたとき、まずそれに関連して思い浮かぶ要素をすべて付箋《ふせん》などに書き出します。そして、これらの要素を関連を見ながらいくつかのかたまりに整理し、次にそのかたまりを関連づけながら全体の構造をつくって一枚の図に表出していくというプロセスで新しいものをつくり上げていくのが特徴です。

こうした作業をしてもらうと、参加者の多くがつまずく部分はだいたいいつも決まっています。それは全体の構造をつくっていく過程です。これは一つひとつの課題とそれに対する解決法には考えが及ぶものの、それが全体としてどのように関連しているかという視点に欠けているからだと思われます。

畑村塾の参加者はみんなそれなりに実務経験のある人たちばかりで、日々の仕事はきちんとこなしています。

ところが、自分の仕事が組織全体やプロジェクト全体の中で、どのような役割を果たしているかを意識して全体を見ていない人が多いので、いきなり要素を組み合わせて全体の構造をつくってくださいと言われても、とまどってしまう人が多いのです。

このように全体を見る視点に欠けている人は、問題点を発見したり自分自身で課題を設定することもできません。自分のやっていることが全体の中でどのような役割を果たしているかという見方をしていないので、自分の目の前で生じている問題にしか目がいかないからです。

全体を知れば変化にも柔軟になる

このように全体を見る視点は、とくに変化が著しい技術を扱うときには不可欠になります。たとえば、ある技術について決まり切った形で伝えたとして、伝えられた相手はその形でしか使うことができないというのでは、少しでも周りの条件が変化すると対応できません。こういうときでも全体を見る視点があると、細かい部分で変化があっても柔軟に対応することができます。これが伝える相手に全体を見る視点を培わせる意義です。

このような視点を持ち、アウトプット型（次章参照）のような教育を行っている会社は現実にあります。たとえば、音響機器や携帯電話などに使われるメモリーチップのスイッチなどの電子部品をつくっているアルプス電気という会社がそうです。私は以前、同社を訪れて教育システムについて聞いたことがあります。そのときには、私が考えていた教育の方法を実際に行っているのを知ってたいへん驚きました。

アルプス電気はグループ全体で年間約八千億円、単体でも約四千億円の売り上げがあります。その強さの秘密はユーザーの望む製品を提供し続けていることにあります。私が同社の幹部から聞いたところによると、一年の間に全製品のうちの二〇パーセントは新製品に切り替わっていくそうです。それに伴って扱う技術も変化していきますが、この変化に対応できる組織づくりを目指していると話していました。

興味深いのは同社の生産管理の発想です。

ふつうどこの会社も基本的には同じですが、標準になるスペックを決めて「このスペックに合っていれば問題なし」という考え方をしています。これはたしかに正しいのですが、実際にはスペックに合っているのに顧客からクレームが来ることはよくあります。こんなとき、「スペックに合っているのだから自分たちはどこも悪くない」という言い訳に利用する人もいるから困ります。

ところが、同社ではこの発想を転換して、「顧客からのクレームがないのがよい製品」ということを考え方の基本にしています。そして、形だけのものでは意味はないとして、スペックに合っているかどうかを調べる最終検査を一切行わない工程を実現し始めたのです。その代わりに行っているのは、生産の工程をすべてモニターしながらの徹底した生産管理です。これはCAEなどの最新の技術を取り入れて行っていますが、生産の工程を完璧にすることで顧客からのクレームがない製品づくりを目指しているのです。

このような結果重視の考え方でいくと、扱っている技術が変わった場合にも、形式的ではない実践的な対応がすぐにできます。スペックという基準がないので、全体を見ながらシステム全体がうまく機能するかどうかを確認することが常に求められるからです。その点からいうと、これは技術の変化にも対応しやすいやり方だと思われます。

そして、このように行動できる人材を育成するために、同社では一人の社員に必ず社員の指導者が一人つくという、マンツーマンに近い形の教育を行っています。そこで大切にしているのは、「心・技・体」という教えです。それぞれが意味しているのは、「心」は「どう考えるか」、「技」は「どんな工夫をするか」、「体」は「どんな動作をするか」です。言葉こそ違いますが、これはまさにアウトプット型の学習の考え方そのもので、日頃から技術の変化を前提に、全体を見ながら何をどのように考えるかの訓練を社員一人ひとりが行っているわけですから、このような会社は組織として強くなるはずです。

客観のお化けに振り回されるな

有名な古典落語で「目黒のさんま」という話があります。

あるとき目黒に鷹狩りに出かけた殿様は、立ち寄った茶屋でさんまをはじめて食べます。当時、さんまは庶民しか食さないものでしたが、旬《しゅん》の時期は脂がのっていて、ただ焼いただけでもその味は絶品です。はじめてさんまを食べた殿様はその味が忘れられず、お城に帰った後に家来にさんまを出すように命じます。しかし、お城の料理方は殿様が食べるのだからと気を利かしてさんまの脂を抜き、食べやすく骨抜きして蒸し焼き状態で出します。当然そんなさんまは食べてもおいしくないので、興ざめした殿様に「さんまは目黒にかぎる」と言わしめるというのが話のオチです。

いきなり「目黒のさんま」の話を持ち出したのは、多くの技術伝達の現場で、この話に似たことが起こっているからです。

「目黒のさんま」の中でさんまを調理した料理方がやったことは、技術を伝えるときに伝達者が犯しやすい間違いと同じです。本人は「食べやすく」（わかりやすく）と配慮をしているつもりですが、そのことがさんまを「おいしくないもの」（つまらないもの）にしているのです。さんまをこのような魅力のないものにしてしまったのは、さんまが持っていた脂などの旨味《うまみ》の属性を必要以上に落としてしまったことにあります。

技術を伝える現場で、伝達者が犯しやすい間違いとは、**「わかりやすいためには客観的でなくてはいけない」と思うあまり、話自体を整理しすぎてつまらないものにして、結果**

として伝わらないものにしてしまうことです。私にはそれが「客観という名のお化け」に振り回されているように見えます。

世の中の多くの人は、主観的であることは何となく悪いというイメージを持っています。それは誰かになにかを真面目《まじめ》に伝えるときには、まわりの誰もが認めている事実しか話してはいけないと思っているからです。

しかし、実際はそうではありません。**客観というのは実際には「外から見る」という程度の意味しかありません。**ある技術に対する見方は十人十色なので、フィルターが違えば違うものに見えるのは当然です。それでいてこれらはどれも事実なのですから、逃げを打たず、遠慮をせずに自分にとっての事実である主観をそのまま語ればいいのです。そしてその方が相手の興味を引くことができるわけです。

注意すべき点は、その知識を構成する要素や構造がきちんとあるかどうかということでしょう。それさえしっかりしていれば、大いに主観でものを語ったほうがいいのです。

暗黙知の表出の重要性

どこの世界、どこの分野にも共通することですが、表面には出てこない（明示されてはいない）ものの、その世界にいる人だったら「当たり前のこと」として知られている知識があります。これが「暗黙知」です。暗黙知をどう扱うかというのは、技術を伝える側にとり、これから非常に重要なことになりますので、本章の最後にこのことについて触れておきたいと思います。

暗黙知は最初はだれももっていません。しかし現場で技術に携わっている人だったら、誰でも自然に覚える（はずの）知識です。

ですから、熟達した技術者は当たり前のこととして認識しているせいで、伝達する必要性さえ感じていません。そのため非常に大切な知識であるにもかかわらず、言葉や文字で表出することさえされていないケースが多々あるのです。

しかし実際は現在、**きちんと暗黙知を表出しないと、その大切な知識が断絶してしまう状況に多くの企業は追い込まれています。**

本書の冒頭で触れた二〇〇七年問題がまさしくそうです。そこで私は技術を一世代超えて教えなくてはいけないことが、問題を大きくしているということを述べました。

暗黙知の伝達を考えると、その問題は明らかでしょう。従来、暗黙知などは、上の先輩について徐々に覚えていけば何の問題もありませんでした。暗黙知を知らないことで失敗しても周りのサポートも得られ、そこで学ぶこともできました。しかし、世代を超えて伝達する場合、そうした時間的余裕はありません。本当に教えてもらいたいときに、その先輩がいないということもしばしば起こります。

これは最近の子育ての問題に似ているかもしれません。以前だったら自分が人の親になったときに、自然にサポートしてくれる人はたくさんいました。子育てのコツもその中で自然に身に付いていったものです。ところが、核家族化・少子化の影響でいまの親たちは自分たちに子どもができたときにはじめて、どう育てればよいかという問題に直面します。まわりに参考になる人がいない場合、すべて自分で一から学習しなくてはなりませんからたいへんです。徐々に覚えたくても子どもは待ってくれません。そこで親たちは右往左往するのです。

本来は知っているべき暗黙知を知らなかったばかりに起こっている事故もあります。たとえば第1章で紹介した六本木ヒルズの大型自動回転ドアの事故などもそうです。

調査の結果わかったのは、ビルの玄関にあるスライド式の自動ドアやエレベータードアの設計者は「ドアの運動エネルギーが十ジュールを越えると危険である」という暗黙知を持っていたことです。ところが、同じようにドアを扱っていながら、回転ドアの設計者はこの「十ジュール則」を知らないことがわかりました。

事故機のメーカーでは、回転ドアだけでなくスライドドアもつくっています。それなのに回転ドアの設計者のほうは十ジュール則を知らないのです。はっきりと言葉に表されていないし、図にもなっていなかったせいか、同じ会社の中でさえスライドドアの設計担当者が持っている暗黙知が回転ドアの設計担当者に一切伝わらないということが起こっていたのです。

大型自動回転ドアが、ものを挟むと巨大な衝撃力が発生するものになったのは、まさにそのことが原因です。ドアの回転体の重さが全部外周にあると仮定して、事故時のドアの重さを運動エネルギーを換算すると、約八百ジュールになります。十ジュールを越えたら危ないといわれているのに、その約八十倍の運動エネルギーが発生するという危険な状態で回転ドアは運営されていたわけです。

以上のことからいえるのは、大型回転ドアの事故の原因は設計ミスにあるということです。しかし、その責任を設計者個人に求めるのは酷です。問題はやはり十ジュール則という暗黙知を表出してきちんと伝えていなかったことにあると見るべきです。

そのことがわかっていれば、設計者は十ジュール則を考慮して設計を行ったでしょうから、回転ドアが殺人マシンのようなものになることはなかったでしょう。

暗黙知を表出して（私はこれを「表出知」と呼んでいます）きちんと伝えるということは、このように大きなトラブルを未然に防ぐことにもつながる大切なことなのです。

第5章　効果的な伝え方・伝わり方

いちばん最初は「受け入れの素地」を相手につくる

第3章では、伝えるためのポイントをあげました。そのポイントとは次の五つでした。

1　まず体験させろ
2　はじめに全体を見せろ
3　やらせたことの結果を必ず確認しろ
4　一度に全部を伝える必要はない
5　個はそれぞれ違うことを認めろ

本章ではこれらのポイントをもとに、より効果的な伝え方について説明していきたいと思います。

ここまで読み進めてくれた読者は、伝える側が陥りやすい過ちとは、「伝えるということにばかり意識がいきすぎて、伝えられる相手のことを考えていないこと」だということがよくわかっていただけたのではないでしょうか。

ですから効果的な伝え方を考えるときも、どうやって伝えるかという方法を考えるより先に、伝える相手の頭の中に「受け入れの素地」をどうやったらつくれるか、その方法を考えることです。

そしてその方法も第3章で説明したように、ポイント1の「まず体験させろ」であり、ポイント2の「はじめに全体を見せろ」だったのです。またこれも宮大工やたたら製鉄の例をあげて説明しましたが、「学びたくなるような場」に置けというのも非常に有効な方法です。

ですから繰り返しになりますが、伝えるより前に、まず相手の頭の中に受け入れの素地をつくること（言い換えれば学習への動機づけをしろ）というのが効果的な伝え方のためにまず大切なことです。

「標準」「型」「作法」

さて、伝える相手の頭の中に技術を受け入れる素地ができたら、次の段階で正しいやり方を教えます。このときに重要なのが、「標準」や「型」「作法」、マニュアルといったものです。

これはどんな組織でもどんな仕事でも同じですが、技術を上手に使うための「標準」が必ずあります。企業活動の中でもとくに生産活動の現場では、標準を使うことは不可欠です。マニュアルをつくり、それに従うことで誰でも一定の機能と品質を持つものをつくれるようにしているのです。標準に従っているかぎりは基本的に誰が行っても同じものをつくることができるのですから、これは非常に優れたものだといえます。

標準には、先人たちの成功や失敗、あるいは迷いなどといったものがすべて含まれています。こうすれば目的のものをうまくつくることができるという方法が、具体的な数値などと一緒に示されているのです。過去の経験や知識のエッセンスが凝縮されているのですから、これに従えば当然、先人たちが過去に経験してきた大方の失敗を簡単に回避することもできます。

仮に標準を無視したらどうなるでしょうか。標準を無視するのは、当然先人たちが積み重ねてきた経験や知識を無視するということを意味しています。そのような行動をしていると、しなくてもよい手痛い失敗をするのは目に見えています。

「型」や「作法」といったものも先人の積み重ねのエッセンスが入っているという点で標準と似たようなものです。型とは過去にやったものの共通する要素と構造を抜き出したものですし、作法とはその言葉通り「作業の法」、すなわちうまくいく行動のスタイルのことです。

「型どおりにやれ」という言葉があります。**型どおりにやるというのは、なんとなく不自**

由で窮屈さを感じさせる言葉ですが、これは本来、型や作法のとおりにやることで、先人の知識を効率よく身につけることができるということなのです。

最初は百のうち十や二十でよい

第3章の伝えるためのポイント4で「一度に全部を伝える必要はない」ということをあげました。

同じ技術を扱うにしても、初心者と熟練者では理解の深さや幅がまったく違います。それでいて、初心者は初心者なりに、熟練者は熟練者なりに技術を扱うことができます。これが技術の持つ階層性の特徴です。

このことからいえるのは、技術を伝えるときには最初からすべてを完璧に伝える必要はないということです。その人の能力や状態にもよりますが、伝えるべきことが百あったとすると、最初の段階では十から二十程度を伝えるだけで十分です。これらはその時点で絶対に必要になる知識です。それ以外の、覚えておけば後々役に立つという知識は、相手が必要に感じた段階であらためて伝えればいいのです。87ページの図4−1も、そのことを示しています。入社したばかりの新人は、技術に対する理解も浅ければ持っている知識の幅もかなり狭いのが当然です。

もちろん、この状態ではどこにどのような危険が潜んでいるかを把握できていないので、専門家レベルの人がするような高度な判断はできません。全体を把握できていないのでリーダーとしてプロジェクトを動かすことなどももちろんできません。それでも初心者レベルのことは十分にできます。そもそも専門家レベルの人やプロジェクト・リーダーも新人時代はみんな似たり寄ったりですから、そこから時間をかけて様々な知識を学び、多くの経験を積みながら深く幅広い理解へと到達していけばいいのです。

そのスピードを早めたければ、相手がより高度な知識が欲しくなる環境を、伝える側がつくってやるしかありません。人間は必要性を感じると自分から知識を取り入れることを渇望するようになります。初心者のときに十から二十の知識で足りるのは、裏を返せばその程度の知識で十分にできる仕事しか与えられていないからです。

それでも仕事に慣れてより高度なことを任されると、より多くの知識が必要であると嫌でも感じるようになります。人によってはそのとき、伝えられるのを待っているのではなく、自分から主体的に知識を取りに行くという行動を起こすようになるのです。

アウトプット型学習とフィードバック

「伝える」ときに大切なのは、伝えっぱなしにしないことです。

そのためには**伝わったかどうかを、伝えた相手にアウトプットさせて、それにフィードバックをかける学習法が効果的**です。

その一例として、前章で紹介した「畑村塾」で行っているカリキュラムの中から一つの方法をあげてみましょう。

そこでは、予習、アウトプット、フィードバックという三段階で構成されています。まず最初にセミナー参加者全員に、思考展開図などを使った「ゼロからまったく新しいものをつくる創造法」や「失敗学」などの基本的なことを教えるビデオを見てもらいます。

以前は、最初に私が参加者の前で基本的な考え方を解説していました。しかし、なかなか時間が取れないこともあり、基本的なことを教える講義はビデオをつくって対応することにしました。

そして次の段階では、参加者に五〜六人ずつのグループに分かれてもらってから、全員に同じ課題を与えて、次回までに全員が思考展開図など教えたばかりの方法を使って課題発表ができる準備をしてきてもらいます。

次いでグループの中で個々のメンバーが発表し、全員で徹底的に話し合いながらブラッシュアップを行います。これが一度目のアウトプットとフィードバックです。

グループといっても構成しているのは同じセミナー参加者なので、基本的には思考展開図の使い方などについては初心者レベルの人たちばかりです。それでも自分が考えたことをアウトプットし、それが他の人の批評にさらされるのはいい体験で、ここで参加者はグループメンバーの考えを聞きながらあらためて自分の考えの相対的な評価を行います。

私がセミナーに直接参加するのは、その後に行う、参加者が一堂に会する場におけるグループの代表者による発表からです。そして、これが二度目のアウトプット、フィードバックの機会です。ここでは発表者に限定されますが、それぞれが発表した中身に対してその場で私や他のグループのメンバーがコメントします。当然このときのコメントは発表者だけでなく参加者全員が聞くことができるので、ある考えに対する評価がどんなものでなにがどのように欠けているかを確認することができるのです。

さらにその次の段階で、三度目のフィードバックの機会があります。私は参加者に出した課題に対して必ず自分自身も挑戦します。それを徹底的に練り上げ、いわば手本となる〝模範解答〟をつくってビデオに収め、参加者の発表会の次の回のセミナーのときに参加者全員に見せるのです。

このとき参加者は、〝模範解答〟と自分の解答の差を見て、引き算をすることで、自分の考えが及んでいない部分、抜けている部分を確認します。このように引き算による確認作業を自分自身で行うというのが重要なのです。

私が最初から〝模範解答〟も含めすべて教えてしまうと、参加者は「手取り足取り教えてくれるもの」と思って自分で考えることをやめてしまう可能性があります。ところが、最初に予習をして、次に自分なりに獲得した知識を使って課題に挑戦し、発表して講評もされるとなると、嫌でも自発的に動かざるを得なくなるので、参加者の真剣度も違います。こうしたやり方では、参加者が真剣に取り組まなければ何も身につきません。しかし、自分自身で徹底的に考える人は、このセミナーを通じて自分で課題を発見して解決するところまで深く理解することができるのです。

自分が伝えるときのことを意識させる

また最近ではさらに、セミナー参加者が自分の職場に戻って講師になり、その職場の人たちが課題発表する場所に再び私が出かけていって講評するということもやっています。つまり**伝える相手に「自分が人に伝えるときのことを意識させる」**のです。

セミナーでは、参加者自身にものを考えさせ、それを発表させるというアウトプット型の学習を行っているので、教える側は全体を見渡してフォローしなければいけません。だから一度に教えることのできる人数はかぎられています。私の場合、一つの会社で一度に直接教育できるのは四グループの二十人程度と考えています。

とはいえ、何千人も従業員がいるような組織の中で、わずか二十人だけが一つの考え方を習得しても力にはなりません。せっかく教育を行っても、他の人に何も伝わらなければその人たちは孤立してしまうかもしれません。そこで組織内に畑村塾の考えを行き渡らせる方法として、参加者が今度は講師になって他の社員を教えるという、言葉は悪いですが、いわばネズミ講のような育成を行っているわけです。

はじめから参加者にはそのことを伝えているので、参加者は孫ネズミに伝えるつもりで私の話を聞いています。しかし、私の講義のオウム返しでは本質部分はまったく孫ネズミには伝わらないので、これはなかなかたいへんな作業です。理想をいえば、私の講義を自分なりに考えて消化し、咀嚼《そしゃく》した内容を次の人たちに伝えるのがベストです。もちろん、その場合は、中身が私が伝えたのと違ったものになる危険性もありますが、そこは二十人を対象にしたセミナーに孫ネズミやひ孫ネズミも見学者として参加できるようにすることでフィードバックをかけています。

セミナーの参加者と一緒に孫ネズミ、ひ孫ネズミを育成するという方法に変えてから、セミナー参加者の姿勢が大きく変わったのを実感しています。わからないところを曖昧にしたままでは、次に人に伝えることはできません。そのせいか以前に比べると、セミナーに参加している人たちの自分なりに理解しようとする意識が強くなったように見えるのです。

また、人に伝えることを意識することで体系的な理解が進みました。人に伝えるには順序立てて説明しなければいけないので、参加者が必然的にそのような見方をするようになったからだと思います。これはもちろん、自分の考えが及んでいない抜けている部分を自分自身で確認できるという、この教育の特徴も大きく関係しているのでしょう。さらにいえば、自分が伝えた孫ネズミやひ孫ネズミの理解の程度を見ることで、自分の理解の状態を確認できるというフィードバックがかかっていることも一因かもしれません。

いずれにしても、これらは人に伝えることを意識させることで得られた効果であることは間違いありません。加えて用意されている様々なことがうまく機能して、畑村塾では非常に高い教育効果が上がっているのです。もちろん、このようなサポートの仕組みがない場所でも、人に伝えることを意識させるというのはそれなりに効果が期待できるのではないでしょうか。

仕事の全体の理解のために

先ほども述べたように、畑村塾では課題に対し思考展開図を用いて解決策を提示してもらっています。

この方法を使うと、ある課題についての全体像が容易に見えてくるという利点があります。もちろん、考えをまとめることと、その考えがいいか悪いかはまた別の問題ですが、セミナーにおけるこの作業の目的は、あくまでも自分の力で、ある考えについての全体像をつくる経験をしてもらうということにあります。

そうした経験を通じてやはり感じるのは、「全体像をつかむことの大切さ」です。実際にセミナーの参加者からも「自分の仕事もよそのセクションとの関連で見られるようになった」とか「いままでいかに近くしか見ていなかったかがわかった」といった感想が聞かれます。

「はじめに全体を見せ」ることが大切だということは前述しましたが、その後も「全体を意識する」ことは非常に重要です。たとえば自分のやっている仕事が、目の前の課題を解決することだけではなく、自分が参加しているプロジェクトの中でどんな意味があるのか、会社の中でどんな意味があるのか、もっと広げれば社会の中でどんな意味があるのか、そうしたことを意識できればどんどん仕事の幅も広がってきます。

だからこそ「伝える側」も、全体を意識させる伝え方をするべきなのです。またそうすることで、相手の学びたいというモチベーションも上がってきます。

ここでは思考展開図より簡単な方法として、「スケルトン図」を描かせることを例にあげておきます。

スケルトン図というのは、文字どおり対象の骨組みを描いた線画のことです。

そういわれるとすぐに機械の回路図のようなものを思い浮かべる人もいるかもしれません。たとえば機械などの場合は、それぞれの部品がどのように動いて全体を動かしているのか描かせます。たとえば何かチームをつくって実行するプロジェクトだったら、プロジェクトがどのように動いているのかを線画に描かせます。

重要なのは、描く対象が、どのような目的を達成するために、それぞれがどのように関連して動いているかということがわかるように描くということです。

また、スケルトン図を描くのと少し似ているのですが、マニュアルを自分でつくらせてみるという方法もあります。

もちろん、初心者や、経験者でも未熟な人がマニュアルをつくっても、ほとんどの場合、そのままでは使えるものにはなりません。しかし、そこで既存のマニュアルと比較させて、自分にはどんな知識が不足しているのかを実感することができます。

スケルトン図を描くことにしても、マニュアルを自分でつくることにしても、大切なのは自分でやらせてみるということ、そしてやらせてみてからきちんと確認することです。

相手をよく観察する

伝えるためのポイント5は、「個はそれぞれ違うことを認めろ」ということです。受け手それぞれが違うことを認めた上でやるべきことは「**相手をよく観察する**」ということです。

本書で何度も繰り返しているように、「技術を伝える」ときは、伝える側がとにかく正確に論理的に真面目に伝えなくてはと考えて、まず形式をちゃんとしようとしがちです。逆に言うと、そうした人たちは、**自分たちはきちんと形通りに伝えたのだから、あとは伝わらない相手の方が悪いと思いがちです**が、**これは大きな間違い**です。

たとえばほとんどの教科書は「きちんと形通り伝えよう」とのみ考えてつくられているわけですから、おもしろくないのは当たり前です。

だから教師という伝達のプロの腕が問われるのです。教科書をそのまま教える教師がつまらないのは当たり前です。一方で教え上手な教師とは、生徒の状態や求めているものを見極め、生徒の関心のありそうな話題をたとえにもってくるなど、臨機応変に教え方を変えることができる人をいいます。

きちんと伝えるためには伝えたい中身を単に羅列するだけではダメです。相手の欲しいものを欲しい順番に並べて、どのように提供するかという工夫が必要なのです。

話がうまいと言われている人たちは、同じ内容の話をするときでも、相手により必ず話のトーンを変えます。具体的な例をあげて話すほうがよいのは、そうした方が、わかりやすい人が多いからです。

たとえば、何か美味《おい》しいものを食べに行こうとレストランに出かけたとします。しかし、そこで肉や魚、野菜などの材料をただ並べて「食べなさい」と言われても、当然食べる気にはならないでしょう。では料理したものが順番も考えずにどかんといっぺんに出てきたとしたらどうでしょう。これだけでは、誰もが積極的に食べたいと思うまでにはならないでしょう。

ところが、味はもちろんのこと、料理を出す順番とタイミングや量、盛りつける器の選択、サービス、場所の雰囲気などがきちんとしているところではどうでしょうか?「美味しいものを食べに行く」ということは、そうした要素をすべて含んでいるのです。

私は最近、ピアニストの稲本響さんという人にお会いする機会がありました。そして、彼の話を聞き、また演奏を聴いているうちに、同じことは演奏家にも言えることを知りました。稲本さんはコンサートのとき、常に自分の身体や楽器の状態、あるいは聴衆の状態などを見ているそうです。そして、聴衆が最も楽しめることを最優先に考えて、そのとき

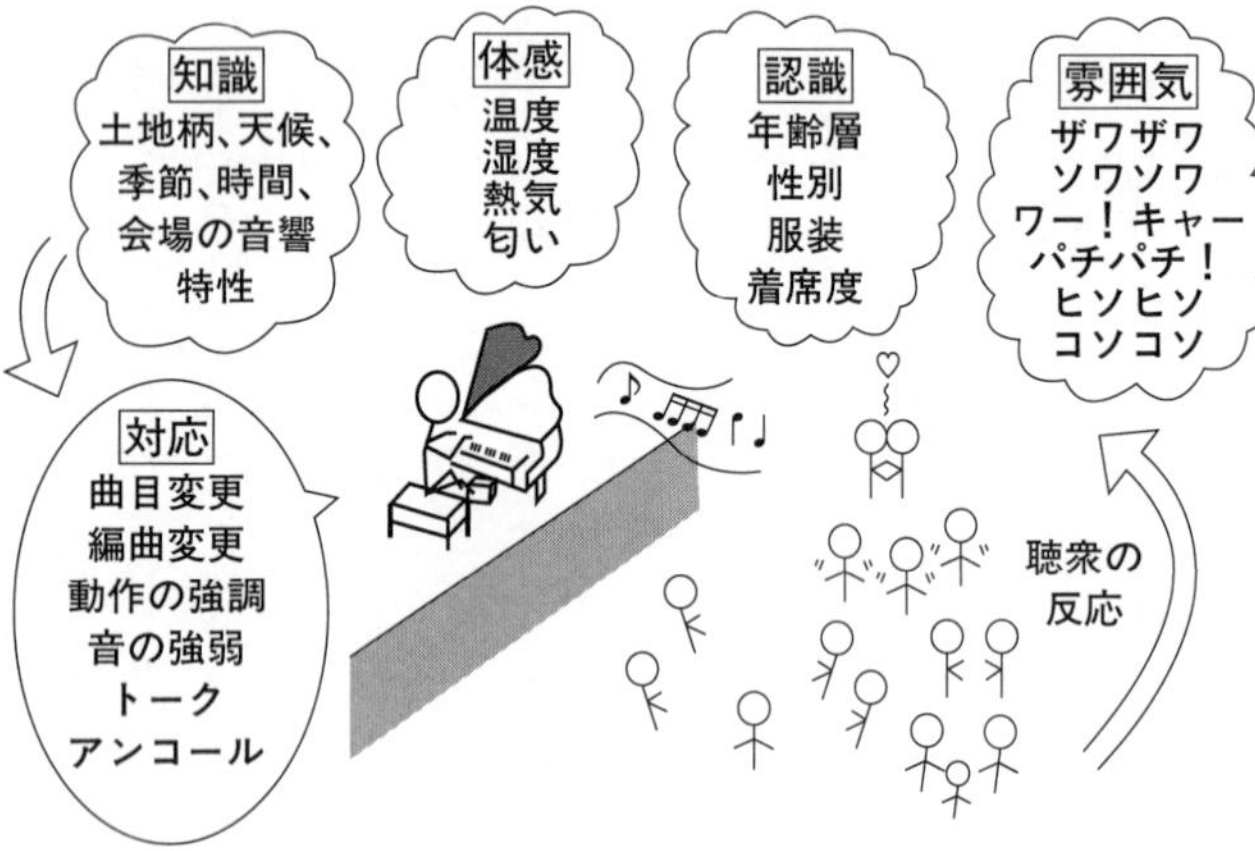

図５－１　聴衆とコミュニケーションが取れる演奏家の行動モデル

どきで臨機応変にプログラムの変更を行うこともあるというのです。

たとえば、平日の夜のコンサートでのことです。その日はあいにくの雨で会場にギリギリで駆けつける人も多く、開演時間が過ぎても会場は、仕事帰りのサラリーマンやＯＬで、ざわざわして落ち着かない様子でした。

稲本さんはステージ脇からピアノにたどり着くまでの十秒程度の間にそのような雰囲気を感じ取り、その場でプログラムの変更を決めて、緊張感をほぐすようなやさしい曲から始めたそうです。その結果、会場内の雰囲気が落ち着き、その後は、聴くほうも集中力を必要とする技巧的な音楽を楽しめたといいます（図５－１）。

稲本さんのやっていることは本当のプロの

仕事です。これは技術を伝える仕事をしている人たちにも大いに参考になります。きちんと伝わらないことを嘆くのではなく、相手を観察して、どうすればよく伝わるのか、工夫を重ねることが大切です。

イメージの重要性

私は長年、大学で機械設計を教えてきました。そこでいつも疑問に思っていたことがあります。それは自分で設計をしたことのない、実務経験がまったくない教師が、設計のやり方を教えていることです。

実際に設計をした経験がないと、なによりも現場の設計者の感覚（イメージ）が身につきません。これはスキーをした経験がない人がスキーを教えているようなものです。これでは技術を習得する過程で、どんなところで人がつまずくかもわからないでしょう。

もちろん大学の先生になるくらいですから、設計に関する知識は豊富に持っています。しかし、そのことと知識を伝えることは別問題です。技術を正しく伝えるためには、経験に基づくイメージを持っていることが必要なのです。

私は別に大学の先生の悪口を言いたくてこんな話をしたわけではありません。私がここで言いたいのは、**知識を伝えるだけでは相手に技術を習得させることはできないというこ**

とです。伝えたいことをうまく伝えるには、相手にイメージを伝えるのが効果的です。しかしこのイメージは、実際の経験を通じないと得られないものなのです。それはつまり、実体験の中で得られた適切なイメージを使うことができれば、技術の伝達はそれだけスムーズになるということです。

たとえば、水泳で速く泳ごうと思ったら、クロールという泳法が適していることは誰でも知っているでしょう。この泳法に対する一般的なイメージを考えてみると、多くの人は「水中でいかに速く腕で水を掻《か》きまわせるかどうかで速さが決まる」と考えているようです。ところが、実際にはそのようにやっても速く泳ぐことはできません。これは多くの人が持っているイメージが実態にそぐわないものだということを意味しています。

私の知人はそのことに満足できず、少しでも速くかつ楽にスマートに泳ぐ方法はないかと試行錯誤を繰り返していました。彼が入った水泳教室では原理や意識の説明はなく、手や足の動かし方を教え、後は決まったメニューに従って何人かで列をつくって泳ぐという指導しかしてくれなかったそうです。そこでやむを得ず自分で原理やイメージを考え続けました。その末に考えついたのが、「水に手のひらを引っ掛け、それを支点に体を前に引っ張り出す」というものです。

知人いわく、このことを意識すると以前よりスムーズにかつ速く泳げたということです。私も泳ぐことが大好きで、四十年間、週一回一キロずつ泳いでいるので、話を聞いてすぐに試してみました。四十年間の経験があるといっても、私の泳ぎ方は五十年前に中学の体育の授業で教わっただけでまったくの我流です。私の場合は平泳ぎ一筋でしたが、この間なんの工夫も進歩もないままで、クロールでも平泳ぎでも持っているイメージは初心者と同じで「水中でいかに速く腕で水を掻きまわせるかどうかで速さが決まる」というレベルでした。

もともとがそんな情けない状態でしたから、知人から聞いたイメージを試した結果は自分でも驚くべきものでした。いままでの自分の泳ぎ方より断然速く泳げることをすぐに実感できました。大昔に伝授された方法に一切疑問を抱かず、自己流の泳法で満足していたのですから、これは当然のことかもしれません。

私の場合、知人の話を聞いたとき、自分の頭の中で「水に手のひらを引っ掛け、それを支点に体を前に引っ張り出す」という言葉が「崖《がけ》を登るときのような」イメージに変わっていました。これは知人のイメージが私の山登りの経験と合わさることで、自分にわかりやすい新しいイメージをつくったということだと思います。

これは他の分野でも同じです。自分の経験をもとに、相手にイメージで伝える。さらにいえば、最初に伝えたイメージが相手に伝わりにくければ、また別のイメージを考えて伝える。そうした過程でやはり必要になるのが、前述した「相手をよく観察する」ということなのです。

第6章　的確に伝える具体的手法

写真・映像で伝えるポイント

　この章では技術を的確に伝えるための具体的な手法として、いくつか説明します。まず伝達媒体のことについて触れておきたいと思います。

　たとえば、昔から「百聞は一見にしかず」などと言いますが、たしかに写真の持つ情報量は文章などに比べると非常に大きいので、伝えたい中身を撮った写真を相手に見せると、正確に多くの情報を伝えることができます。動画であればさらに効果的で、ものの働きや動きまで正確に相手に伝えることができます。このように物の形や動きの内容、あるいは事故や失敗の様子など、見る側がまるでその場にいるかのような感覚で情報を得ることができるのが写真や動画のメリットです。

　写真や動画はこのように技術の伝達の手法として非常に優れているので積極的に活用されています。とくに最近は、教育用や研修用のビデオをつくっていない企業のほうが珍しいくらいです。しかし、そこでも注意すべきポイントがあります。

　それは、写真や動画には情報量が多い分、意図しない余計な情報もまたたくさん入っているということです。写真や動画には、伝える側が焦点を当てているもの以外の情報もたくさん含まれているのです。

この場合、どの部分に着目すべきかを明確に示さないと、意図しない部分に相手の注目が行って、目的としていたものが伝わらないということにもなりかねません。こうした問題を防ぐには、撮影した写真や動画をそのままの状態で見せるのではなく、伝えたいことが伝えられる形にしっかりと加工する必要があります。

次ページに例として示している写真は、二〇〇五年四月二十五日に起こったＪＲ西日本・福知山線脱線事故の現場の付近を私が訪れたときに撮影したものです。上下二枚とも同じ写真ですが、上の写真のように、撮影した対象、着目すべき点などを言葉や印で記入して加工すると、見る側に伝えたい中身がはっきりわかるようになります。

とくに着目すべき点を強調したいときには、丸で囲ったり矢印で示すというやり方が効果的です。その上で何を見なければいけないかを言葉で書いておくと、着目すべき対象がはっきりして、一枚の写真を後々まで有用な情報とすることができます。

動画の場合も、つくり方が悪いと結果として伝わらないということが起こりがちです。相手はわかったような気になっても、そのじつ頭の中を風景が流れていくだけで、後には何も残らないということが起こります。このような問題を防ぐためにもやはり手を加え、映像に説明をかぶせるなどして何を伝えたいかを相手にはっきりと示す必要があります。

写真　列車が突っ込んだマンション南側道路の
踏切りを渡ったところから南を見る。
約100m先の対向線に「特急北近畿3号」が停車中。
（2005年5月16日畑村洋太郎撮影）

下の元の写真に伝えたいポイントを書き込んだもの

図や絵の有効性

また、図や絵なども優れた伝達媒体です。私も本や講演などで、正確かつ相手が理解できるように伝えるためによく図を使いますが、図や絵のメリットもまた、文章に比べて一度に伝達できる情報量が圧倒的に多い点にあります。同じことを伝えるときでも、より詳しく伝えようとすると文章量や話す時間が増えてしまいますが、図や絵を使うと、同じ空間、同じ時間を使ってより多くのものを伝えることができるのです。

もちろんそれは、言葉による説明が意味がないということではありません。事実を事実として説明するには、やはり言葉や文章にして伝えるのが一番です。これに図や絵の具体性を加えることで、なお伝わりやすくなります。つまり、言葉や文章を補完する形で絵や図を使うのが理想的です。

また写真に比べ、図や絵がすぐれている点は、強調したい部分にフォーカスを与えることができたり、心象風景を表現できる点ではないでしょうか。

次ページの上の絵は、私の研究所のスタッフのひとりが、技術の伝達の実態の調査のために伊勢神宮の工作所を訪れたときの様子を描いたものです。下の写真と比べるとよくわかりますが、写真では薄くてよくわからない木材に引いたラインがくっきりとわかるようになっています。じつはここで本当に伝えたかった情報はこのラインの部分だったので

イラスト：近石直子

絵だと伝えたい部分を明確に示すことができる

イラスト：畑中元秀

稲本響さんのピアノ演奏

す。

一方、上の絵は私の研究室の卒業生が、前章で紹介したピアニストの稲本響さんのコンサートにおける演奏の様子を描いたものです。ただ演奏している写真を見るのと比べ、稲本さんがピアノを意のままに操っている迫力というものが伝わってくるのではないでしょうか。

このように絵で表現することで、余計な情報を削《そ》ぎ落とした、伝えたい中身が強調されたわかりやすいものにできるのです。

また、文章を読ませて絵を描かせたり、逆に絵を見せて文章を書いてもらうことが、伝える内容を立体的に理解することに役立つこともあります。

私は企業から失敗の扱い方に関する指導を依頼されることがよくありますが、実際、そのときに参加した人たちに失敗事例を一枚の絵で表現させるということを試みています。

具体的には、あるひとつの失敗事例を読ませて、どういう状況でどういうふうにして失敗が起こったかということを一枚の絵に描いてもらうのです。その反対に、一枚の絵を見て、そこからどういう状況でどんなふうにして失敗が起こったかというのを文章で表現してもらうこともあります（図6―1）。

これはそれほど簡単なことではありません。実際、起こった出来事について頭の中で整理されていなければ、ラフコンテさえ描くことができないでしょう。そこから自分の頭の中で何度も検討してブラッシュアップしていかなくてはいけません。そのようにして描き手が苦労した分だけ、最終的にできた絵は大事なポイントを網羅した優れたものになるわけです。

ちなみに、この作業がうまくできるのは、ふだんから物事をよく観察している人です。こういう人は対象の特徴に常に注目しているので、特徴を際立たせて絵に表現することができるのです。逆にいうと、絵を描かせることは対象をしっかり観察することにつながります。それがまた対象に対する深い理解につながるのです。

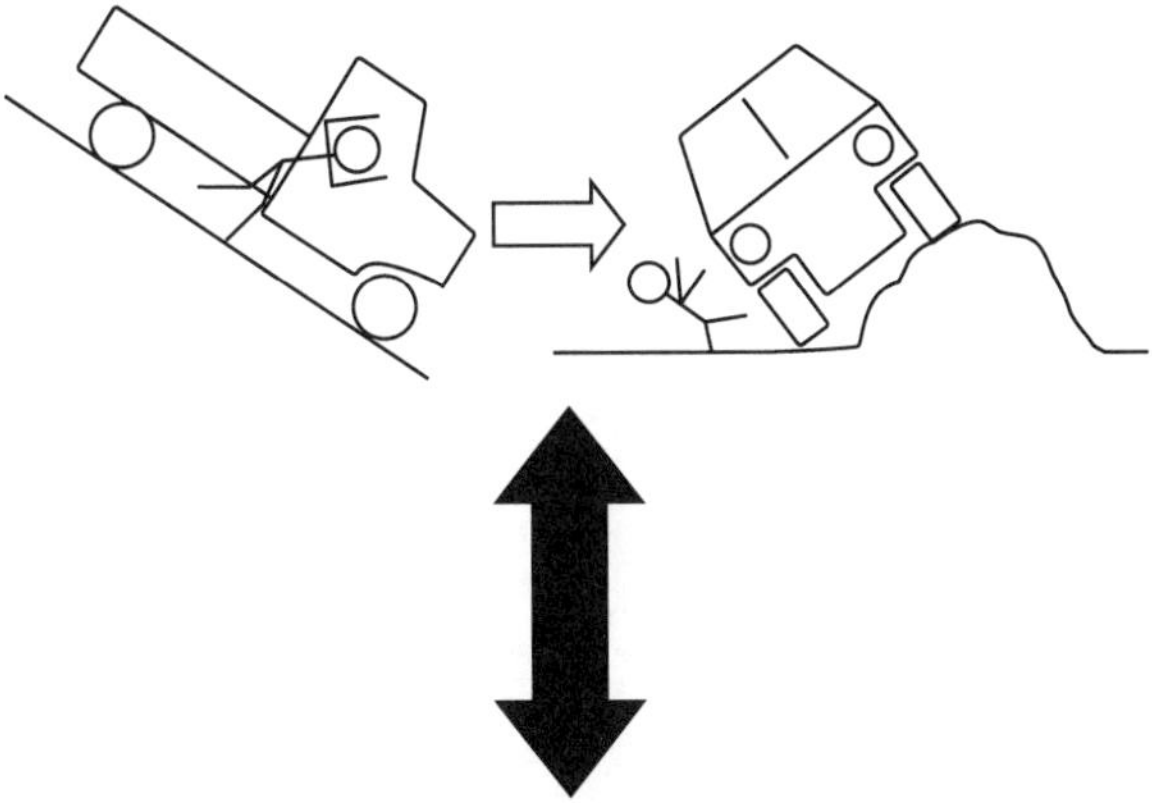

図を見て参加者が心に思い浮かべる事故のシナリオ

坂道に車を止め、ブレーキをかけ忘れた。
→自動車が勝手に走り出し、
→それに気づいた運転手が車にぶら下がってブレーキをかけようとした。
→ブレーキをかけることができずに車は走り続け、
→片側の車輪が石に乗り上げ車が横転した。
→運転手は車の下敷きになって死亡した。

図６—１　絵と言葉の情報は等価

図と文字を組み合わせる

第2章で触れたように、生産の現場には、そこでやるべき作業の中身を書いた作業指示書や作業標準書などが必ずあります。

こうした作業指示書や作業標準書も、文字や図を組み合わせて、さらに注意すべき点を加工することで、より伝わりやすくすることができます。

すなわち、**文字と図をうまく組み合わせて使うことで、相手の頭の中に立体像をつくり出すことができる**のです。

132、133ページの図6−2は、文字と図を組み合わせた作業指示書による伝達の仕組みを描いたものです。

AさんからBさんへの技術の伝達は、まずAさんが要素の摘出と要素の構造化を行い、目の前の現象を理解するところからスタートします（これが、現象を「わかる」ということです。もっとくわしく知りたい方は、拙著『畑村式「わかる」技術』を読んでください）。

ある現象について理解したAさんが、そのことをBさんに伝えるときにはまず、文字や図で自分が理解したことを表出します。これを整理してまとめたものが作業指示書であり作業標準書です。

多くの人は、整理してまとめてBさんに見せさえすれば、「AさんからBさんに技術は伝わる」と考えています。

たしかにAさんが理解して表出したものを、Bさんに見せれば、なんらかのことは伝わるでしょう。

しかしそれだけでは通常、正確にBさんに伝わるものにはなりません。図6―2に描いてあるように、図のどこの部分に注目すべきなのか、何が重要なのかを図と文字を組み合わせて加工することで、はじめてBさんの頭の中にAさんと同じような理解ができあがるのです。

第2章で説明したように、相手に伝わっているかどうかは、実際に伝えた相手が正しい行動をしているかどうかでしか判断できません。したがって作業指示書を見てBさんが必要で正しい作業ができなかった場合は、正確に伝わっていないということになります。

この場合、多くの人はBさんの理解力に問題があるからだと考えがちです。しかしAさんが作成した作業指示書に問題がある可能性も大いにあります。ですからAさんは自分がつくった指示書をもう一度再検証して、きちんと伝わるものにつくりかえる必要があるのです。

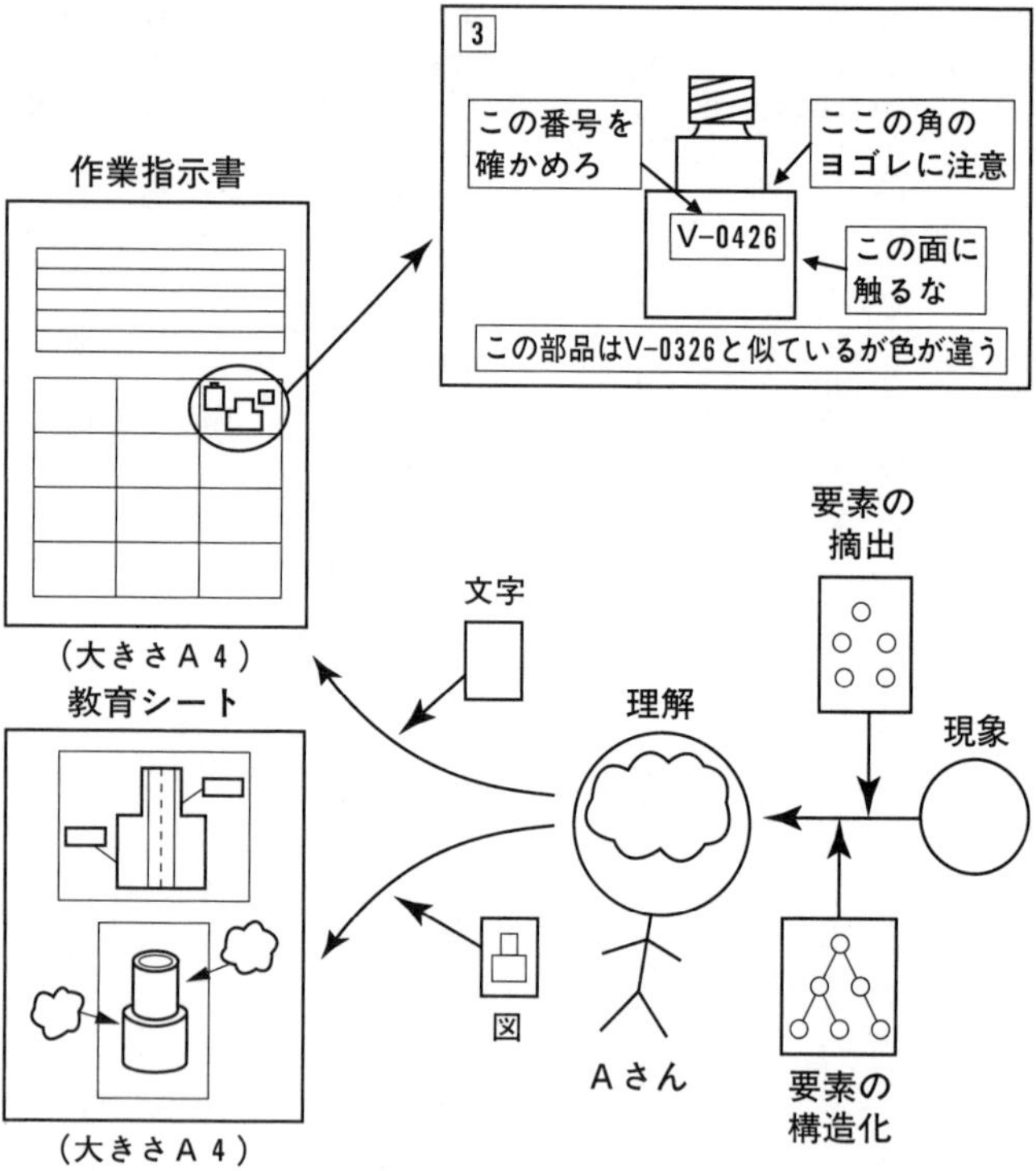

(ii) 表出された文字と図

(i) 起こっている現象を正しく理解する過程

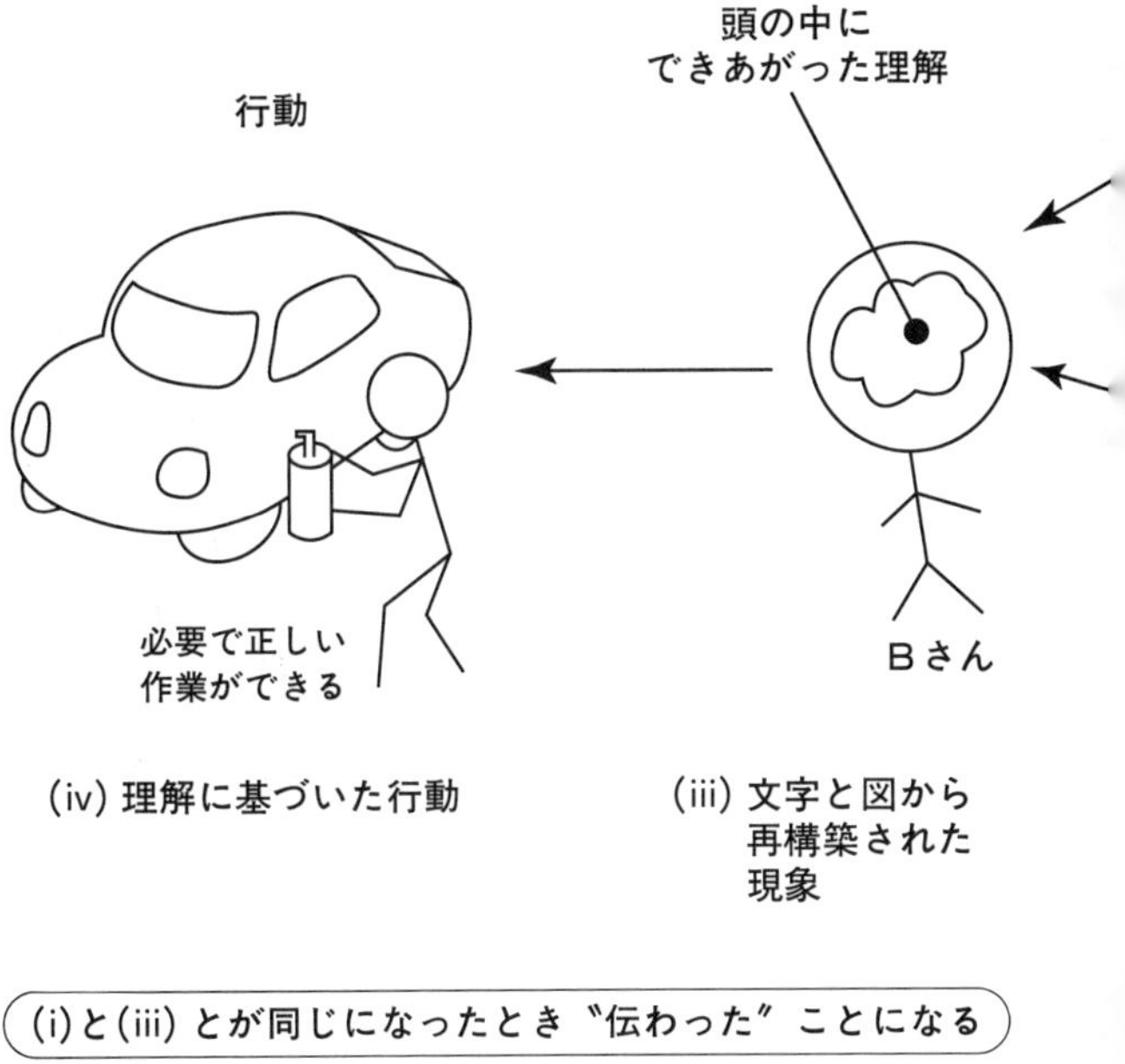

図6－2　文字と図（or字と絵）の組み合わせの妙
——視認性の重要さ、脳科学利用のミス防止法

陰陽二つの世界を見せろ

さらに伝える相手の側に立った作業指示書、作業標準書の書き方を説明しましょう。

第2章では、作業指示書や作業標準書による技術の伝達が形骸化しているケースが多いことを述べましたが、その理由を一言でいうと、正しいやり方だけを示して「このようにやりなさい」としか書いていないことにあります。だから時間の経過とともに、「ここに書かれていることだけをやっていればいいんだ」と思うようになり、その結果現場の人たちが何も考えなくなり、形骸化も始まるのです。

正しいやり方だけを示すことは、たとえるなら、日の当たる陽《よう》の世界だけを見せているようなものです。世の中のすべてのものは陰と陽から成り立っていますが、多くの人は日の当たる陽の世界ばかりに目がいきがちです。一方の陰《いん》の世界についてはだれも考えないどころか、ときには考えることがいけないような扱いをされることがあります。これでは立体的な見方ができなくなってしまうので、物事の本質をとらえることはできないのです。

作業標準書や作業指示書でいうと、陰というのは正しいやり方からはずれたときのことです。正しいやり方は書かれていても、そこからはずれたとき、すなわち失敗したときになにが起こるかまで書いてあるものはなかなかありません。ところが、**陽ではなくあえて陰の世界に注目してみると、逆に陽の世界を浮き立たせることができます**（図6—3）。

じつは失敗の話が人を引きつけるメカニズムもこれとまったく同じです。失敗したら損をするし、恥ずかしいので、多くの人はこれを「怖い世界」だと思って見ています。ところが、世の中の作業標準書や作業指示書のほとんどは、このような怖い世界については一切記述をせず、こうやればうまくできるという、「あったらうれしい世界」のことばかり書かれています。この表記の方法を変えて、**正しいやり方を書いてある紙の裏側のほうにでも正しいやり方からはずれたときにどんなことが起こるかを書き加えると、途端に立体的な見せ方ができる**のです。

実際にこうした書き方をして成果を上げている会社もあります。その会社では、正しいやり方が書かれたマニュアルの裏に、その指示を守らなければなにが起こるかを過去の実例と一緒に示しています。

これなら表側を見て疑問に思ったり、自分なりのやり方を試してみたくなったとき、裏側を見ることでなにが起こるかをすぐに知ることができます。その技術についての理解が深まるので、技術の全体像や立体像を自分でつくることもできるようになるのです（図6—4）。

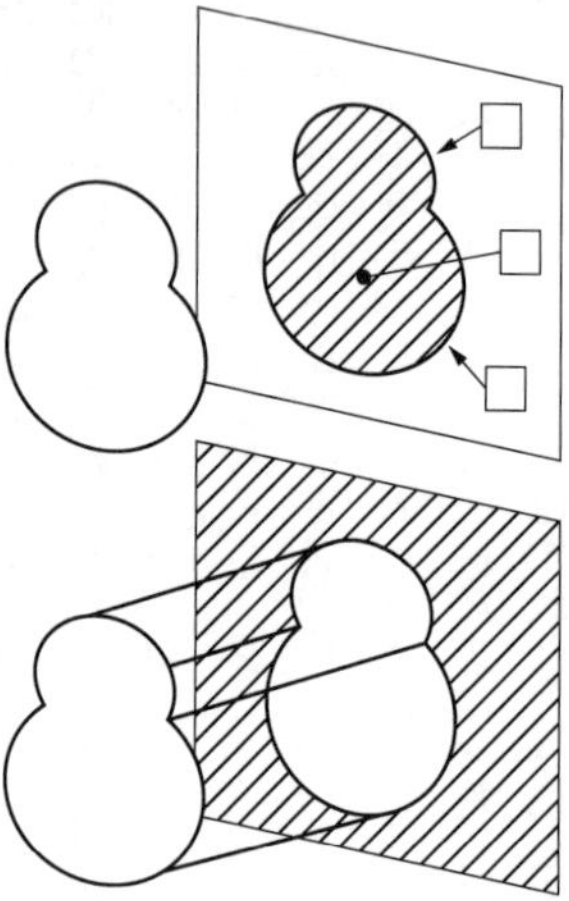

図6－3
やるべきことをそのまま書く(陽)と、やらなかったらどうまずくなるかを書く(陰)。

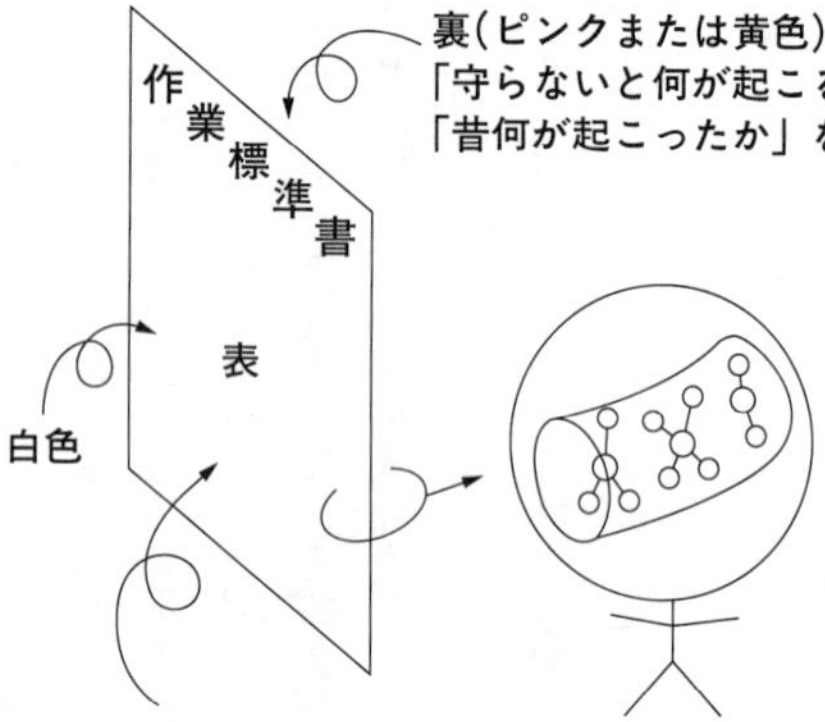
「守らないと何が起こるか」
「昔何が起こったか」を書く
「何をどうやれ」を書く
技術の立体像ができる

図6－4　作業標準書の裏にそれを守らなかったら何が起こるかを書く

「伝わるシナリオ」を考える

伝えるときに、形だけ整えても、伝えられる側にとって頭の中に入る形になっていないと意味はないということも、第2章の「理解の壁」などの項で説明しました。

それでは「伝わる形とはどのようなものか」、第2章でも出てきた「失敗知識データベース」のつくり方を例にあげながら、説明したいと思います。

すでに述べたように、従来の失敗事例集や事故報告書は「原因」と「結果」で成り立っています。しかしそこには肝心の人間の「行動」が入っていないのです。失敗事例集には最低限、「原因」—「行動」—「結果」の三つが必要な要素です。

しかし、じつはそれだけではまだおおざっぱで、不十分です。「失敗知識データベース」を議論を重ねながらつくりこんでいった結果、読む側は、次ページの図6—5のような要素とシナリオを求めていることがわかってきました。

まず「起こったことの記述」として何が起こったかという「事象」と「経過」、なぜ起こったかをそのときどう考えたかという「推定原因」、そしてそれに対し、どのような対応をしたかという「対処」が必要になります。

そして「後から付け加えるもの」として、起こった事象の「背景」や、後から調べて明

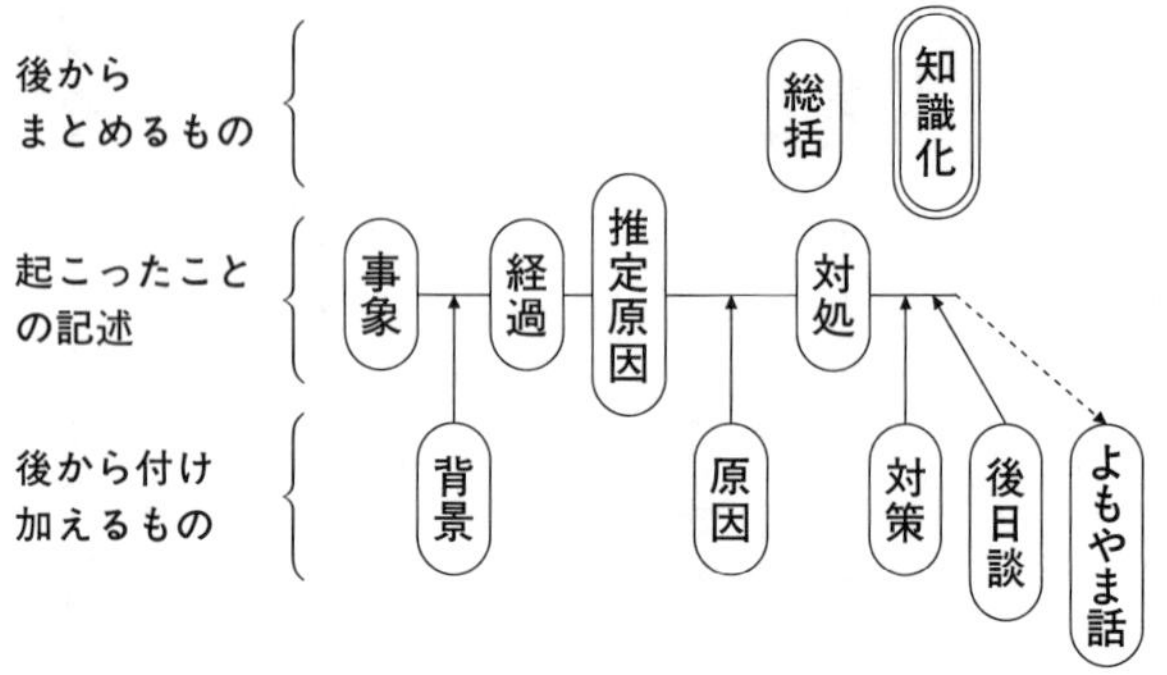

図6—5　どう表現すれば失敗事象を伝達できるか

らかになった「原因」、起こったことの結果としてどのような「対策」を取ることになったのか、また対策をとった結果どうなったか、人の意識が変わったのか、現場や組織はどうなったかといった「後日談」も読む側は欲しくなります。

またここで付け加えてほしくなるのが「よもやま話」です。直接今回の失敗には関係はなくても、そこにまつわる話だったらなんでもここに入ります。

そしてまとめの「総括」とともに必ず必要な要素が、起こったことの「知識化」です。起こる事象は分野ごと、また個別にさまざまなストーリーでも、たとえば「リーダーはつねにシミュレーションを行い、起こりうる状況に対処できるようにしておくこと」「安全を確保するためには一つの作業に必ず二つ以上の安全策を講じること」「マニュアルは定期的に見直せ」といった「知識化」をすることによって、他の分野の人でも十分に使え、また時間が経っても古びないものになるのです。背景も含めた具体的なシナリオ（ストーリー）とともに、知識化して誰でも普遍的に使えるようにする。これが多くの人の頭の中にすんなり入ってくる「伝わる形」なのです。

「裏図面」を活用せよ

技術を伝達する効果的な手法として、「裏図面」を積極的に活用するという方法もあります。裏図面というのはある自動車メーカーの開発者が教えてくれた言葉です。その人は「私たちは、できあがった設計図にけっして載ることのない、設計者の設計過程を記した図面を裏図面と呼ぶのです」と教えてくれました。

一般的にものづくりの現場では、設計者の考えは設計図によってまわりの人たちに伝えられます。具体的には部品図や組立図などを指していますが、これらを総称して本書では裏図面に対しての「表図面」と呼ぶことにします。そして、製作担当者はこれらの表図面を見て部品をつくったり、あるいはいくつかの部品を組み立てて一つの製品に仕上げるのです。

ものづくりの現場では、表図面はこのように「製作指示図」としての役割を果たしており、現場の製作担当者に伝達するには不可欠なものになっています。

とはいえ、このような表図面が、設計者の考えや体験を後に続く設計者に伝達する媒体として適しているかというと、必ずしもそうとはいえません。表図面で表現されている情報は文字どおり表面的なものばかりなので、先輩設計者の考えを知る媒体としてはむしろ不十分なのです。

これから学ぶ設計者が知りたいのは、先輩設計者が設計していく過程でどんなことに迷い、実際につくってみたらどうだったのか、あるいはそれを使ってみたらどうだったのかといった生の情報です。これは設計に携わったことのある人ならわかると思いますが、最も知りたいはずのこれらの情報は残念ながら表図面には一切載ることがないのです。

にもかかわらず、多くの現場では、表図面だけをきちんと保存して「これで技術が途切れないで済むからひと安心だ」と考えています。その裏では設計者が最も欲している貴重な情報はベテラン設計者が現場からいなくなるとともに、次々と消えていっているのです。

設計者がつくる裏図面は、定式化された表現方法に基づいて記したものではなく、それぞれの人が自己流でつくるメモ書きのようなものです。ですから人に見せることは想定していないのですが、本質的には非常に大切なものです。

つまり、設計者の頭の中に浮かんだ事柄が図やコメントとして書き込まれているのが裏

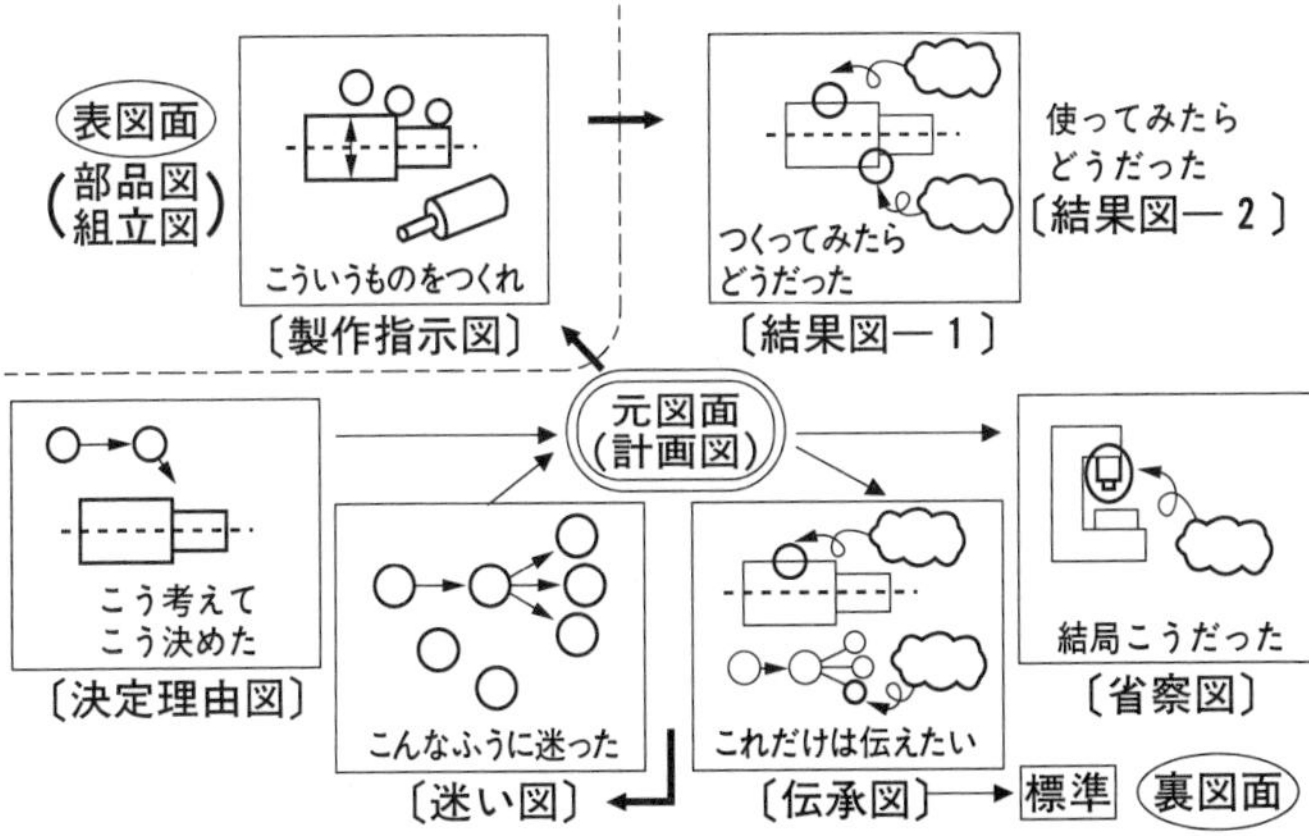

図6―6　表図面と裏図面の関係

図面の特徴です。その中には、ある場面でこう考えてこう決めたという決定理由、あるいはこれだけは伝えなければならないこと、こんなふうに迷ったという過程、そしてその結果はどうだったかという省察などが記されているものもあります。また、設計者によってはこれとは別に、つくってみたらどうだったかという製造現場の反応や、使ってみたらどうだったかというユーザーの反応を記している人もいます（図6―6）。

裏図面にはこのように、成功例だけでなくさまざまな失敗体験もそのまま記されていることがあるのです。もしも後に続く設計者がこれを見ることができたら、同じように困難に直面したときに何をどうすればいいかの大きなヒントになるでしょう。

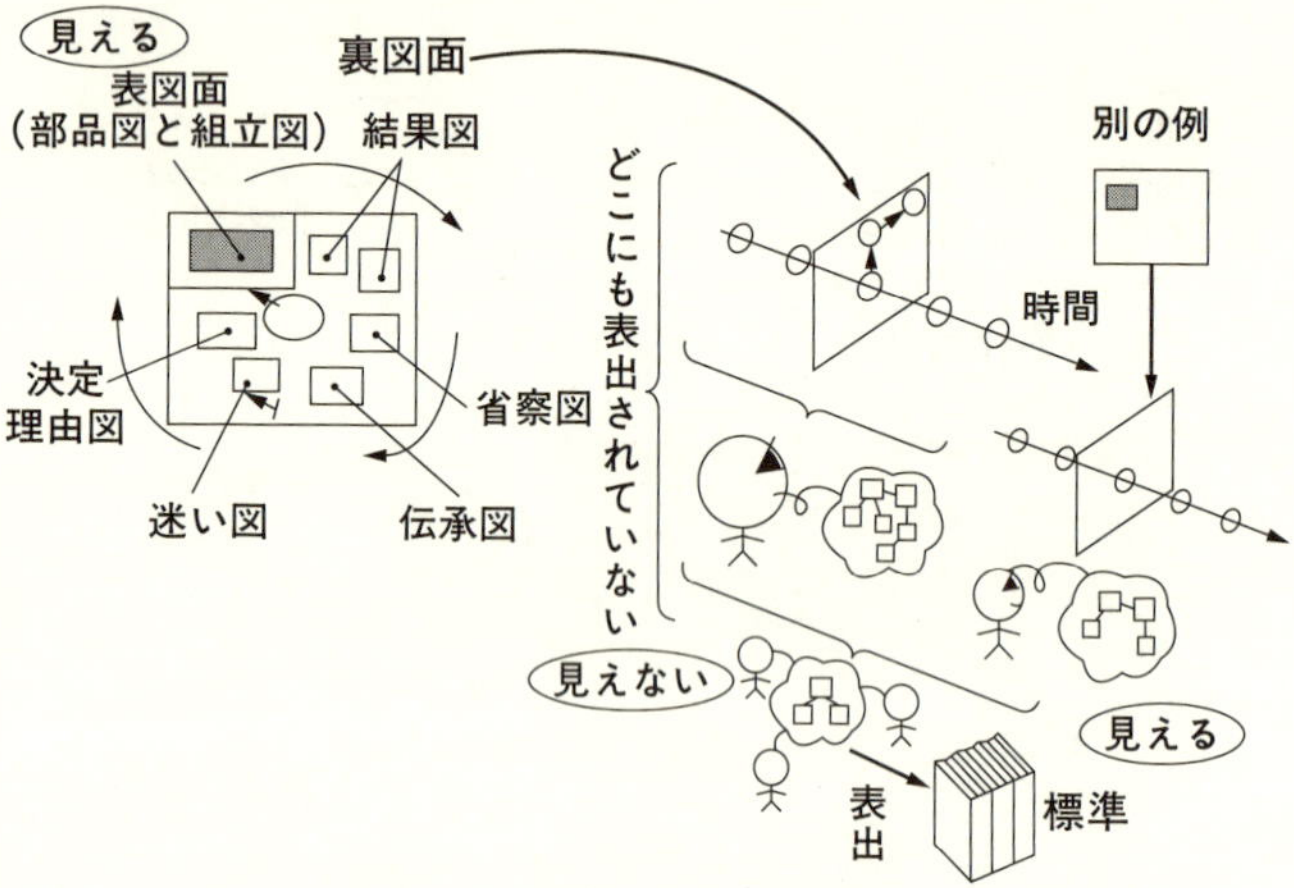

図6―7　裏図面と標準の関係

そんなことから私に裏図面という言葉を教えてくれた自動車会社では、裏図面の価値を認めて、技術の伝達に際して積極的に活用できないか模索を始めています。

とはいえ、現段階ではまだ裏図面を定式化して保存するといった組織的な動きにまではなっていないようです。本来の設計は、はじめに全体の計画図を完成させ、それに従って部品図や組立図をつくる訳ですから裏図面自体、それぞれの設計者がそれぞれのやり方でつくっているものなので、これを定式化して保存を行い活用するというのは、かなり面倒でいまのところ現実にはなかなか難しいようです。

しかし、裏図面で示されているものは暗黙知と同じで、表出されるのとされないのとでは、その後の技術伝達の効率と実際の効用に雲泥の差が出てくるはずです。また、裏図面の中にある失敗情報がそのまま消えていくことで、本来は経験しなくてもいいはずの無駄な失敗が繰り返されたり、致命的な失敗が起こる危険性も否定できません。このように裏図面を活用する大きなメリットを考えてみると、組織として裏図面を技術の伝達に積極的に活用する方法を検討する価値は十分にあると思います(図6―7)。

「目利き」や「語り部」の育成

組織として今後も技術をきちんと伝えていきたいと考える場合、「目利き」や「語り部」を社内で育てていくことが大切ではないかと、私は最近思うようになりました。

会社の中には、ときどき職場の主というか生き字引のような存在の人がいます。たとえば、仕事の中で過去に起こったまずかったことを記憶していて、まずくなりそうなことをほとんど直観的に一発で見抜く人などがいます。そうかと思えば、過去に職場で起こったまずかったこと、失敗したこと、うまくいったことなど起こったすべてを記憶していて、その都度必要なことを話してくれる人がいます。前者を「目利き」、後者を「語り部」と私は呼んでいます。

こういう能力の持ち主が職場の中にいると、まわりはたいへん助かります。とくにデザインレビュー（DR）を行うときには、技術に関する豊富な知識を持っている人は不可欠です。DRというのは、設計が終わって設計の全体像とその内容がすべて決まったときに、当の設計者以外の人がその設計の見直しをすることをいいます。全体がわかる人や部分がわかる人ができ上がった設計をそれぞれの視点で見ることで、設計者が気づかない問題をあぶり出すことを目的にしています。

DRに目利きや語り部がいると、過去の失敗やそれに繋がる恐れがある要素が設計の中にあるときには、そのことをすぐに指摘してくれます。

ところが、定年制のせいで、一定の年齢になるとこういう貴重な人材も会社から追い出されてしまうのが現実です。貴重な情報や能力を持っている人たちがとくに引き継ぎもなくいつの間にか消えてしまっているのですから、これは技術の伝達の面から考えても非常にもったいないことです。

現状では誰に対しても一律に「定年を迎えたからサヨウナラ」というのが基本になっていますが、この考え方は短絡的すぎるのではないでしょうか。定年後も同じ雇用形態で働かせるのは難しいとしても、少なくとも会社が必要とする能力を有する人にはそれなりの活動の場を用意すべきでしょう。退職と同時に貴重な経験も消えてしまうと、それは金銭では計りにくい大きな損失です。こうしたことを繰り返していくと、結果として良き企業文化までも損なうことになりかねません。

一方で同時に会社としてやらなければいけないのは、目利きや語り部を意識的に育成することです。従来の目利きや語り部のほとんどは、仕事を通じていろいろなことを経験し、様々なことについて自分なりに考え尽くした結果として独自の能力を身につけた人たちばかりです。

しかし現代のような技術の変化、制約条件の変化も速い時代では、会社として意識的に目利きや語り部といった存在を育成する必要があるのではないでしょうか。

もちろん、目利きや語り部といった存在は一朝一夕に育成できるものでもないですし、ましてやこれからどんどん変化のスピードが速くなることが予想される時代において、目利きや語り部を育成することはますます困難になってくるかもしれません。

そこで別のアプローチで貴重な技術を暗黙知なども含めて残す方法があります。それはプロの記録者、プロの伝達者の育成です。

たとえば、何か失敗が起こるたびにつくられる報告書や事例集にしても、読み手の側が欲しくなる記述になっていないために、つくってもほとんど活用されていない現実があることは本書でも指摘しています。あるいは、作業標準書や作業指示書などのマニュアルは過去の多くの経験を元に築き上げられた組織の持つ重要な「知」であるにもかかわらず、読んでも表面的なことしか吸収できない、本質部分まではほとんど伝わらないものになっているという問題もあります。

これらは間違いなく、組織内に技術の伝達のプロがいないからこそ起こっている問題です。ここでいう伝達のプロは、組織の財産である技術を読み手の側が本当に欲しくなる形で伝えることができる人を指しています。こういう人が現場の人たちにきちんとインタビューをしながら記録をとり、報告書やマニュアルづくりを行うのです。

こうしたプロを組織内で育て、企業文化にまでできれば、そうした会社は間違いなく強くなるはずです。

第7章　一度に伝える「共有知」

「個の独立」が集団の基本

「知識やシステムを使い、他の人と関係しながら全体をつくり上げていくやり方」が技術であると序章で定義した通り、ひとりだけ技術を覚えても、それだけでは力を発揮することはできません。この章ではチーム全体への伝え方、その効果を見ていきます。

日本の企業では一九六〇年代のいわゆる高度経済成長期以降、小集団活動や提案活動に代表される「みんな仲良く」を基本方針として進めてきました。この根底にあるのは、集団に属する個人個人がきちんと考えた上で意見を持ち寄り、意思の疎通をはかりながら個々人が孤立しているときよりもより大きな力を発揮しようという考え方です。

このような趣旨が理解されてそのとおりに実行されていたとすると、これは素晴らしいことです。しかし、実際には「みんなでやることに意味がある」という点ばかりが強調されて、「集団でやれば何でもできる」「何かやるには集団でなければならない」という間違った運用がまかり通っていきました。

その結果として見られたのは、自分が考えなくてもグループ内の誰かが考えるだろうという責任転嫁です。一方で会社の中で誰かが自発的に行動しようとすると、すぐにそれを妨害する風が強く吹くという企業文化をもった会社が多かったので、こうした風潮になるのはやむを得ないことだったかもしれません。いずれにしても、このような形でみんなが「誰かがやるだろう」と思うようになり、そのじつ誰も何も考えていない部分で大きなトラブルが起こっているのが、二〇〇〇年前後から頻繁に見られるようになった、些細《ささい》なことに端を発する事故の背景です。

一方でそのころから、いままでの反動からか「これからは組織ではなく個人である」という傾向が強まり、成果主義の名のもとに、何でも個人という流れも一部で出始めました。

こうした事態になった根本的な原因はまさしく「みんなでやることに意味がある」ということの本来の趣旨の理解不足にありました。

もちろん、多くの人が集まり、その人たちが知恵や力を出すことで、あるひとつの目標を達成するのが企業活動の目的なので、集団で何かをするという発想を持つことは不可欠なことです。しかしその活動は、まず一人ひとりが自分でものを考え、自分で行動する上で成り立っているからこそ大きな力になります。

つまり**集団でやることの基本は、「個の独立」なのです。**

本書では、伝えられる相手が自発的に行動して獲得することが伝達の基本であると繰り返してきましたが、「個の独立」というのは、技術を正しく伝達することにとどまらず、企業活動を活性化させることにもつながる大前提なのです。

そして、個が独立し自分でものを考え、自分で行動することで得た知識を「**個人知**」と私は呼んでいます。

強い組織とは

しかしそれだけでは組織は強くなりません。

組織の中にいる人たちが個人知を有している状態は、個々の能力が高い人がいるというのとイコールです。そこで企業は人材の採用に際して、高い個人知を獲得できる人を集めたがるわけです。

しかし、高い能力を持つ人たちを集めても、それだけではダメです。これは野球やサッカーなどの集団スポーツを見るとよくわかるでしょう。日本でも世界でもキラ星のごとくスターを集めているチームが、必ずしも勝てるわけではないのは、よくご存じのことと思います。

これは、**個々の能力が高くてもそれぞれが孤立している状態では、大きな力にならない**ことを表しています。それよりも一人ひとりが多少小粒でもまとまりがあったり、戦術への理解が徹底されているチームの方が、組織としての強さが発揮されることはしばしばあるのです。

ここで戦術といっているのはまさしく次に考える「**共有知**」そのものです。そして、**一人ひとりが理解している共有知の幅や深さが、組織としての力を決める**と私は考えています。つまり、組織を強くするには、個人知を充実させることもさることながら、共有知をいかに幅広く深いものにするかが重要になるのです。

だからこそ、**独立しつつも全体を意識して動ける人材が求められている**のです。

本書では、技術の伝達に際してはまず伝える相手に全体像を意識させることが大切だという話もしてきました。

もともと人間は、全体に目を向けたときにはじめて、自分が担当している部分が全体の中でどのような位置にあり、どのようなことと関連しているかを知ることができます。そして、それぞれが全体との関連を意識することで、集団としての力もより増すことができるのです。そしてそうした人が集まっている組織はやはり強いのです。

個人知を表出し、「共有知」にする

個人知から共有知にするにはどうすればよいのでしょうか。

「十人十色」といいますが、それぞれ個人個人が考えていることは別々で、同じ課題を与えても考え方や全体像のとらえ方は異なるはずです。そのような人々が集まって同じテーマを一緒に考えるのが、企業が行っている集団活動の良さでもあります。

ここで重要なのは、**互いが持っている個人知を表出する場を持つ**ことです。あるテーマについて、それぞれの個人知を出し合いながら、討論したり摺《す》り合わせを行うことが大切なのです。これを続けているうちに、最後に個人知よりもさらに完成度が高く実用的なものが生まれます。このようにして集まっている人たちがみんなでつくり上げていった知識こそが「共有知」で、これはその場に参加した全メンバーが共有するものになります。

多くの組織で間違っているのは、互いが持っている個人知を表出する場をつくっていないことです。たとえば十人のメンバーがいるとします。メンバー全員で共有知をつくりあげるためには、十人のメンバーすべてが議題となるテーマについてあらかじめ考えておかなくてはいけません。

しかし多くの組織では、そのテーマについて場に参加する前に本気で考えてくるのは、資料をつくったひとりないしふたりであることが多いのです。そしてミーティングの席ではじめて説明してみんなで考えましょうということでは、はっきり言って時間のムダですし、結果としてできあがる共有知のレベルもそれほど高いものにはなりません。

一方あらかじめ自分で考え、「個人知」として身につけておくと、自分の頭の中に思考

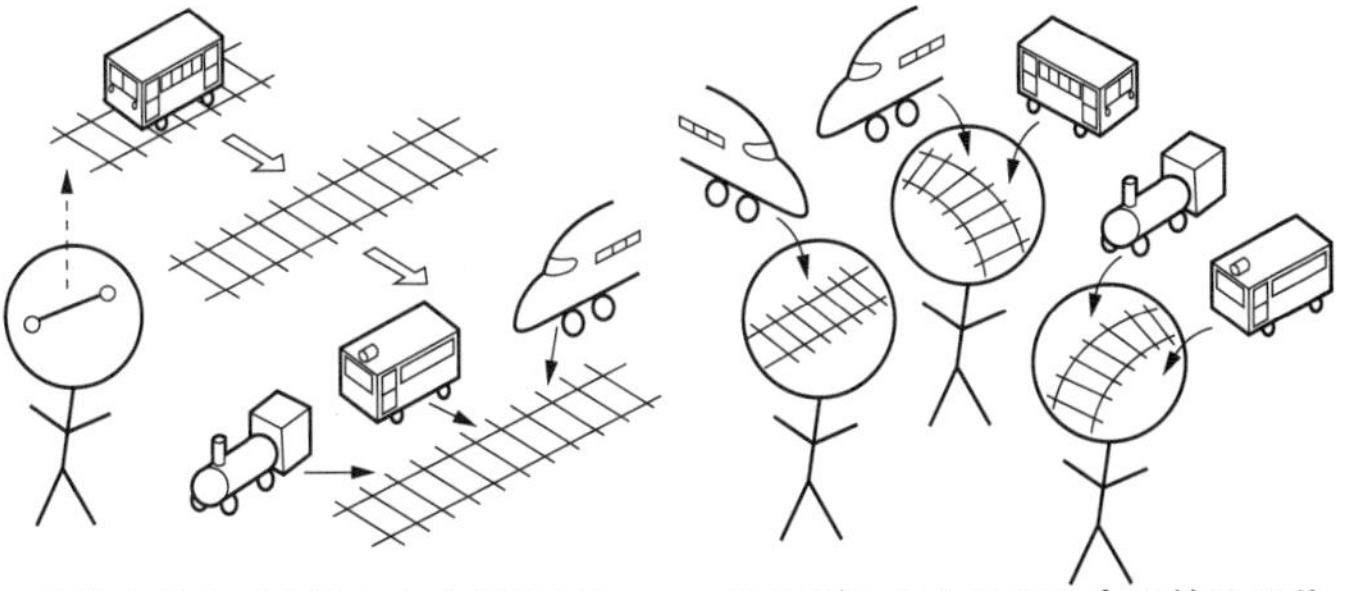

自分で考えて全体をつくり出すと考えの経路ができる。
一度経路ができあがると、どんな車両でも高速で走ることができる

(a)　個で考える

それぞれの人の頭の中の線路に他の人が提供した車両が同時に走っている状態になる。自分の車両だけが走っているのではない。これが本当の共有である

(b)　集団で共有する

図7―1　思考の経路と共有

回路ができます。ですから一緒の場で相手の考えを聞いたときもスムーズに相手の考えを理解することができます。これはたとえるなら、自分の頭の中にできた線路（思考回路）に、別の電車（考え）を走らせるようなものです（図7―1）。

頭の中にきちんとした思考の線路ができていれば、ものを考えるときのスピードも当然早くなります。だからメンバー間で共有知ができあがっていれば、驚くほど早く正確に知識の伝達を行うこともできます。時間も早ければできる知のレベルも格段にアップします。

ちなみに畑村塾のように、同じような思考ツールを使って個々のメンバーがそれぞれ考えてくると、さらに作業がスム

ーズに進みます。これは同じ思考ツールを使うことで、メンバー全員の頭の中にできる思考回路のレベルもより安定するからです。

場を共有することの大切さ

個人知を共有知にするためには、考えを表出し、それぞれの個人知を摺り合わせる場が必要だという話をしましたが、メンバーが空間や時間を共有する場を設けることは非常に大切なのではないかと私は考えています。

一つこんな例を紹介したいと思います。ジャック・ウェルチ氏といえば、かつてアメリカの大企業であるＧＥ（ゼネラル・エレクトリック）の会長にしてＣＥＯ（最高経営責任者）を務めていたことで有名です。その彼は、教育に対して徹底した考え方を持っていたといいます。

私はこの話をある企業幹部でＧＥの研修について深く知る人から聞きました。その人の話によると、ウェルチ氏は「企業価値を決めるのは社内文化で、それを生み出すのが社内教育である」と考えていたそうです。そして、組織内の役職ごとに異なる合宿プログラムを用意するなど社内教育システムを充実させていました。

私が最も興味深く感じたのは、この充実した教育システムの中で育った人たちは共有知を持っているということです。実際、GEの幹部の間では、外部の者には何のことやらまったくわからない「アレのソレ」といった漠然とした言い方で話がどんどん進んでしまうというのです。そのことを私に教えてくれた人は、実際にそのような場面を目撃して「見ていて非常にうらやましく思った」と言っていました。

おそらく、このような意思疎通は合宿などを通じた教育によって生み出されたものでしょう。ウェルチ氏には、「時間や空間を共有しなければ知識や考えの共有はできない」という考えがあったのだと思います。

じつはそのことは私も昔から感じていて、学生や研究室のOBたちと何かの勉強を行うときにはよく合宿を行っています。時間と空間を共有する中で考えの共有もはかりながら、全体としてより深い理解に到達しようというわけです。

私はこうしたとき、**喜びや感動、楽しい時間といったものをメンバーと共有することが非常に大切**だと考えています。というのも、そうした時間や空間を共有することで相手に対する信頼感や共通する価値観が生まれ、そこからまた新たな共有知が生まれる可能性が広がるからです。

たとえば私はお酒が好きなので、学生や研究室のOBたちともよく一緒にお酒を飲みますが、酒席もまた私にとり貴重な共有空間です。

そこで私が肝に銘じていることは、酒は楽しく飲むこと、人の批判をしたり、悪口を言わないことです。

酒の場で先輩から後輩へいろいろと知恵が伝えられるというのは、昔からよくやられてきたことですが、最近の若い人たちは、先輩や上司と一緒にお酒を飲むことを嫌うようになってきている印象があります。

しかしこれもやむを得ない部分もあるでしょう。というのも酒席でよく会社のグチをこぼしたり、説教したりする人がいますが、これでは楽しい場や時間を共有するどころか、苦痛ばかり感じる嫌な時間を共有するだけになってしまいます。これではまったくの逆効果ですから、そんな酒席だったら最初から行かない方がましです。

だから、とくに酒の場が必須というわけではありません。

たとえば、社内にさまざまな部署から人が気軽に集まることのできる喫茶スペースを設けることだって場の共有につながります。実際にそうしたスペースを利用して社内のコミュニケーションを活性化させている組織もあります。

要は集まっている人たちの嗜好《しこう》や趣味なども考慮しながら、誰もがふだんよりリラックスできるような場所があることが、大切なのです。

個人知と共有知の関係

個人知をそれぞれ表出して、共有知をみんなでつくりあげるわけですが、じつはこれで終わりではありません。

ここで大切なのはこのときに**導き出された共有知だけに意味があると思わないこと**です。実際はそこからさらにそれぞれが考えを進めていかなければ全体として進化していくことはできないのです。

ところが、従来の企業活動では、集団の中で検討されたものだけが大事に扱われ続けるというのがお決まりのパターンになっています。そのため、せっかくできあがったものでも、周りの環境の変化に対して適応性が極めて弱いものにしかできなかったのです。

この原因は、知識を共有した上で、再び個がきちんと考えるという作業を怠ってきたことにあります。それが結果として、外部の制約条件の変化に対して柔軟にかつ正確に対応することができない状態を招いたのです。

たとえばできあがったマニュアルを唯一絶対のように考えている企業などはそのよい例でしょう。これは実際〝大企業病〟として多くの企業で見られる現象です。

このような状態は、個人知と共有知の両方あいまって動かすことで解消することができます。

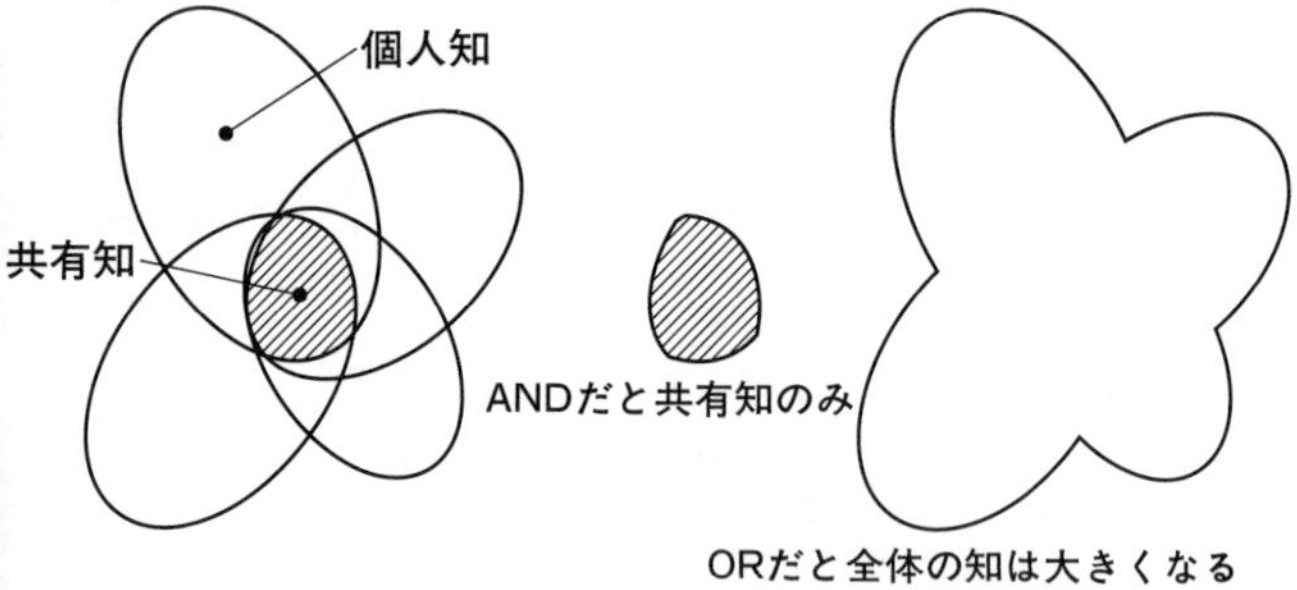

図7—2　個人知と共有知

図7―2はそのことを端的に表したものです。斜線で示した部分は共有知で、これだけを見るとカバーしているのは狭い範囲です。ところが、それぞれの人が持っている個人知に注目した途端に、かなり広い範囲をカバーできることがわかります。

集団の中で使えるのは共有知だけとする従来の発想は、「AND」が基本です。その場合、カバーできる範囲は全体が重なる狭い範囲に限定されます。しかし、**個人知の存在を認めて「OR」の発想で考えると、カバーできる範囲はそこに集まっている人たちが持っているすべての領域にまで広がります。**

つまり、個人知を認めた途端に、これだけ豊かな発想を集団で使えることになるのです。

そのことを踏まえると、会社として何か新しいプロジェクトに取り組むときには、異なる知識を持っている人を集めるために、あえて幅広い部署や、支社があ

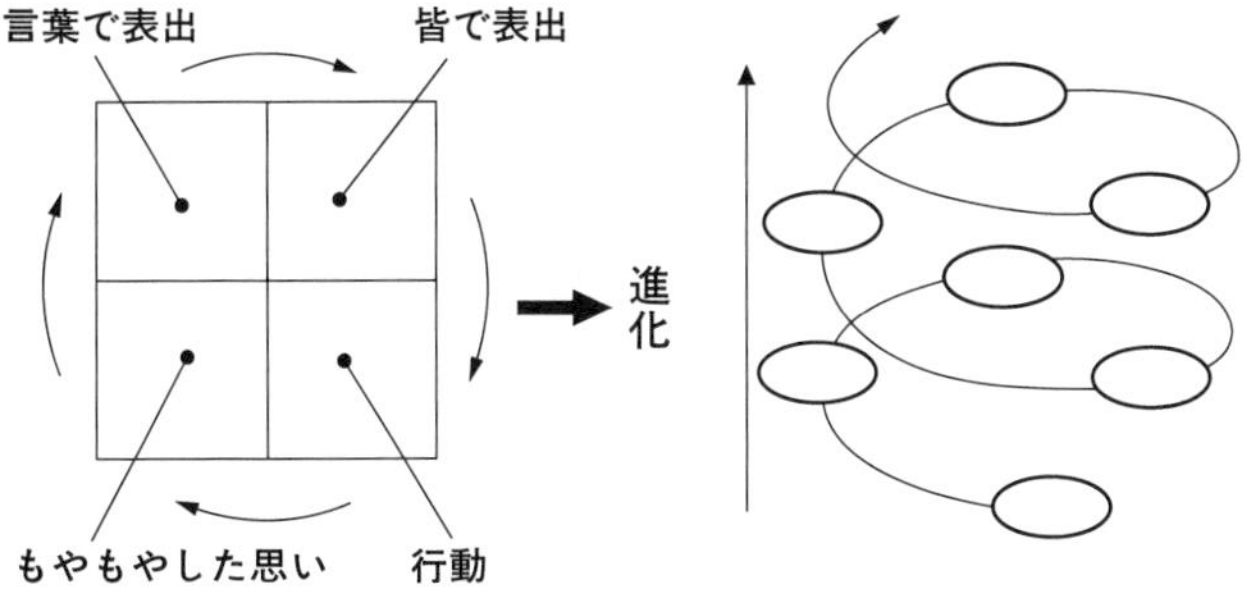

図7―3　思考の進化スパイラル

る場合はあらゆる地域の支社から人材を集めるほうがよいでしょう。もちろん、自発的に動くことができるやる気のある人が条件になりますが、このような多様な人材を集めて共有知をつくりあげることができれば、それだけでプロジェクトは豊かな発想にあふれた活気のあるものになるでしょう。

思考の進化スパイラル

図7―3は、個人知と共有知を使いながらそのグループの中で全体の思考がどのように進化するかを示したものです。これは高いレベルのものへと一気に上っていくのではなく、図の右側にあるようにスパイラルで思考が進化していきます。

はじめに個々人の中にもやもやした思いがあります。それを表出し（個人知）、メンバーと共有します（共有知）。そして、それに基づいて行動すると、その結果を受けて個々人が再びもやもやとした思いを持つようになります。それを表出して再び全体で共有し、それに基づいて再び行動する、という繰り返しの中で次第に全体の思考が進化していくのです。

この考え方は、野中郁次郎さんが提唱している「セキモデル（SECI）」と非常によく似ています。野中さんは組織的知識創造理論の生みの親として知られる人です。セキモデルというのは、ナレッジマネジメントの一つの手法です。これは、個人の知識の共有化を図り（共同化、Socialization）、暗黙知を明示知（形式知）に変換し（表出化、Externalization）、それを組み合わせて新たな知識を創造し（連結化、Combination）、さらにその知識を新たな暗黙知として習得する（内面化、Internalization）というプロセスを繰り返すことで組織的知識創造が行われるというものです。

ここで注目すべきなのは、進化は常に一方向ではなく螺旋《らせん》状で起こるということです。ですから外から見るとまったく進化していないように見えることがありますが実際には、何度も同じ場所に戻っているように見えて、そのじつグループ全体では着実に進化しているのです。だから大切なのは、粘り強く、同じサイクルを続けていくことなのです。

ネットワークと共有知

「はじめに」で述べたように、本書のベースになっているのは、『実際の設計第6巻——技術を伝える』という本ですが、じつはこの本をつくるときにも個人知と共有知を利用しています。

さらに、今回の第6巻からは、インターネットを利用した新しい情報共有ソフトを自分たちでつくって、それを積極的に活用しました。この本づくりに参加した「実際の設計研究会」のメンバーは、それぞれ仕事が違うし、ふだんは生活する場所もまちまちです。

それでも従来は、本をつくるときには、メンバーがそれぞれ時間をやりくりして、何回か一ヵ所に集まり、互いの原稿を読み合わせることで知識の共有をはかっていました。しかし、そのためにいままでは時間がかなりかかり効率も悪かったため、インターネットをつかった効率的なやり方を考え出したのです。

具体的には、それぞれのメンバーがまず自分が書いた原稿をネットのメンバー専用サイトに上げて、他のメンバーが自宅にいながらその原稿を見ることができるシステムをつくりました。その際、コメント欄も設け、原稿を読んだメンバーがそこにコメントを書けるようにしたので、サイト上で議論が展開されることになりました。そして、原稿を書いた人はその議論を反映させる形で推敲《すいこう》を行い、改訂版を再度サイトに上げるということを何度か繰り返したのです。もちろん図や写真を使用する場合も、同じようにアップします。

このシステムを活用した結果、作業も格段に早くなりました。メンバーはインターネットやEメールを活用して日頃から議論を展開できるので、共有知も自然に深まり、内容を深め原稿の完成度を高めることがスムーズにできました。

もちろんそうは言っても、リアルな場をみんなが共有するということも非常に重要です。

今回の本づくりにおいてもう一つ大きかったのは、専用の集合場所を確保したことです。従来はその都度、集合場所を確保していたのですが、今回の本づくりから私の研究所を会合場所として提供することにしたので、作業の効率も飛躍的にアップしたのです。

本づくりのためのミーティングでは、検討すべき原稿などを大型プロジェクタに映し出し、メンバー全員が情報を共有しながら議論を進めました。

もちろん、同じようなことはインターネットを使ったシステムでも可能です。しかし、メンバーのストレートな反応を見ながらリアルタイムでやり取りが行えるのは、やはり全員が一ヵ所に集まったときだけなのです。

しかも、その背景としてやはり大きいのは、メンバーはみんな、昔から合宿や酒席などを通じて時間や空間を共有してきた人たちだということです。このような積み重ねによって共通する思考回路や価値観を持っている人たちが一ヵ所に集まるからこそ、スムーズに本づくりができたように思います。

ネットワークで組織メンバーと情報を共有することで、共有知を高めたり、意思決定のスピードを速めている企業も出てきています。

たとえばあるメーカーでは、会社に関係する情報、会社の決定、それぞれ個別の議論を社内ネットワーク上ですべて行うようにしています。社員であれば誰でも自由にその過程を見ることができます。もちろん運営に際しては、個人の悪口は言わないなど一定のルールを設けているようです。

この社内ネットワークの目的は、社員が情報を共有することにあります。たとえばこのシステムを使えば、ある課題が社全体に伝わるのに長くても三日しかかからないそうです。この積み重ねによって全員が、世の中の動向とそれに対して会社としてどのように対応していくかといった基本的な考え方を理解するようになります。その結果、社内の意思決定もスムーズになり、全体としてひとつの方向に動くのが非常に楽にできるようになったということです。

もちろんその背景として、「社員教育などを通じて、企業文化をつくる努力をふだんから続けている」と、その会社のトップの人が語っていました。

ネットワークがすぐれているのはあくまで補完する道具としての役割なのです。

終　章　技術の伝達と個人の成長

守・破・離

本書では「技術を伝える」とはどういうことか、ということを様々な角度から見てきました。

この終章では、さらに視点を変えて、伝えられることで個人はどのように成長するのかということについて触れておきたいと思います。いわば伝えられる側から見た伝達論です。

最初は誰もがゼロからのスタートです。ですから決まったことを受け入れることから始まります。

誰かから与えられたものをそのまま受け入れるというのは、基本的につまらないことです。そして、これが技術の伝達を妨げる一因になっていることは明らかです。とはいえ、いくらつまらないからといって、それで学ぶことを放棄していては、そこから一歩も進めません。そのことは伝達される側の人たちにもよくわかっていると思います。

茶道や武道の世界には、「守・破・離」という教えがあります。これはその人のレベルに応じて、それぞれの段階でどのようなことを実践すべきかを示したものです。三つの段階を簡単に説明しておくと、「守」は決まった作法や型を守る段階、次の「破」はその状態を破って作法や型を自分なりに改良する段階、そして、最後の「離」は作法や型を離れて独自の世界を開く段階です。

一般的には、すべての学習は真似から始まります。手本に従ってそれと同じようにすることを求められるのです。これがまさに「守」です。

決められていることを生真面目《きまじめ》に守るこの段階は、繰り返しも多く非常に面倒だし、なによりもやっているほうは面白くもなんともありません。そのためそこで我を通して自己流でいきたがる人がいます。しかし、自分の土台をつくるためには、素直に手本を真似るほうが結果として早く進歩することができます。

実際、初期の段階で我慢して手本の真似を徹底的に繰り返していると、そのうちに手本と同じようにやることの意義や、手本から外れたときに生じるデメリットが理解できるようになります。ここまでくると「強制されて仕方なく守っている」というより、「自ら望んで守っている」という状態になります。やっていることの内容や価値を自分なりに理解しているので、自分の意思で率先して手本を守るようになるのです。

ところで、世の中にはこの状態で満足してしまう人がたくさんいます。そのような人は、当然のことながらそれ以上の進歩はありません。

本当に楽しいのはここからです。この段階まで来た人は、自分で創意工夫をしながらいろいろなことが試せるようになります。内容を理解しているため、従来の方法よりもっといい方法はないかと自分で探すことができるからで、そのような能力があるのに何もしないのはもったいないことです。

そして、この状態がまさに作法や型を破る「破」の段階です。基本的には、作法や型を手に入れて、そこからさらに出ようと意識して行動した人だけが進歩を続けられるのです。もちろん、このときの試行錯誤はしっかりとした経験と根拠に基づくものなので、初心者があてずっぽうで行動するのとはまったく違います。決められた道から外れても、それによって致命的な失敗を犯す危険性は極めて低いし、むしろこのときの行動はより効率的で合理的な方法の創出につながる可能性も大です。

従来の作法や型を破るというのは、悪いことのように思えます。しかし、変化のあまりない業界ではともかく、現実の世界ではそのようにしなければいけない場面は意外にたくさんあります。

それは時代の変化とともに、周囲の条件の変化も必ず起こっているからです。こうした場合は従来の作法や型をそのまま使うことに無理が生じるわけですから、それに合わせて作法や型を変えていくのはむしろ当然といってもいいでしょう。何より条件が変わっているのに従来の作法や型をそのまま使い続けていることのほうが、問題であり危険なことなのです。
いずれにしても、このような試行錯誤を何度も繰り返した人は、理解と経験に基づいてこれまでとはまったく別のものを自分の力で新たに生み出すことができます。これが最後の「離」の意味です。このレベルにある人は、従来の技術やシステムを常に効率よく運用できるだけでなく、制約条件の変化や外部からの新たな要求に合わせて全体をつくり変えることもできます。それゆえ「離」に到達した人は「優れた創造力の持ち主」とされているのです。

このレベルに達した人は、たとえば設計者なら、図面を見ただけでどこかおかしなところがあれば一発で見抜けたり、作業の担当者なら、作業をちょっと見ただけでそのおかしさに直観的に気がつくようになります。「離」の段階にある人は、このように創造の能力だけでなく、異変を一目で見抜く眼力を持っています。これは過去の経験や知識に加えて、先人の理解などを織り込んで判断ができるからです。

速く習得するために

ここで覚えておいてほしいのは、「離」のレベルにいくのは、けっして年数ではないことです。長年やっていても「離」のレベルまで到達しない人はたくさんいます。

長年やっていれば、誰でもそれなりの技術を習得できます。極端なことを言うと、どんなに能力がない人でもそのときの自分の状態に合った程度のことを実践していけば、その積み重ねの中でやがてはなんらかの技術を習得することができます。

しかし、このようなものは本来、技術の伝達とはいえません。これを技術の習得というのも不適切で、ただ単に技術に慣れただけというのが正確な言い方でしょう。

じつはこのように、**経験と慣れだけで技術を獲得してきた人は世の中にたくさんいます。私はこういう人を「偽ベテラン」と呼んでいます**が、同じことを三十年も続ければそれなりにできるようになるのは当たり前で、そのこと自体にそれほどの価値があるとは思えません。

それよりも価値があるのは、三十年かければ誰でもそれなりに習得できる技術を二年ないし三年で獲得することです。このように十分の一の時間で技術が習得できれば、残りの時間をさらなる技術の進歩のために使うことができます。そして、こうした人がいたから、人間の社会はこれまで発展を続けてきたのです。

もちろん、なかには例外もありますが、ふつうはひとつの技術の習得に一生をかけるようなことをしていたら進歩はほとんど期待できません。ましてあらゆるものが大きく変化することを考えると、長時間かけてひとつの技術を習得することはむしろ退化につながるかもしれません。

情報化が進んだ昨今は、とくに昔に比べて変化のスピードが違います。その中で新しい技術の獲得を経験と慣れだけに頼っていたら、あっという間に取り残されてしまうことになるでしょう。

では、そうならないために個人としてなにをすべきでしょうか。

もし初心者だったらやはりまずは焦る気持ちを抑えて、手本として示されている作法や型を真似る努力を愚直に続けることです。そして、これと並行して、技術をむしり取れる環境を自分自身でつくることを心がけるといいでしょう。価値が認められないものに対して人間は積極的に動けませんが、その反対に価値があるとわかっていることや人から求められている環境があると、意気に感じて必死に頑張ることができます。この心理を技術の獲得にうまく利用するのです。

たとえば、価値を見いだすという意味では、その社会的な意義について考えてみるのも有効です。自分が頑張ることが世の中の誰かの役に立つことにつながるというのが理解できれば、そのことを意識するだけで技術の獲得へのモチベーションは自然に高まります。また、最初はウソでもいいからやる気のある態度を見せていれば、まわりは次第に期待の目でその人を見るようになるものです。そして、その期待感を自ら主体的に動くエネルギーに変えるという循環をつくることができれば、それだけ技術を習得するスピードをあげることもできるというものです。

先輩・師匠にかわいがられろ

効率よく技術を獲得するために個人ができることとしては、「良き師匠や先輩を持つ」というのもあります。これは一般の技術の伝達の現場では、あまり意識されていないようです。しかし、たとえば伝統技術の伝達の現場では、どんな師匠や先輩につくかで、獲得できる技術のレベルが決まってしまうほど重要なものです。

技術を獲得するとき、まず全体像を見ておくとその後の知識の吸収が楽になります。とはいえ、まったく知識のない人がはじめて見る技術の全体像をつかむのはたいへんなことです。これを初心者が独力で行うことなどほとんど不可能でしょうが、師匠や先輩の手助けを受けることができれば、初心者でも全体像を見る体験をすることは可能です。

こういうとき、離れた場所で注意深く見守っていながらも本人の自由にやらせてくれるのが良き師匠や先輩の特徴です。好き勝手にやらせているように見えて、致命的な失敗を起こさないようにしっかりと見ているのです。一方、ダメな師匠や先輩は自分の考えややり方を直接的に後輩に伝えようとして最初から後輩の行動をやたらと制約しようとします。そのため後輩は経験できることが少なくなり、獲得できる技術の幅も狭くなります。

先述したように、私は技術の伝達のあり方を勉強するために、伊勢神宮の宮大工やたたら製鉄の技術者など伝統技術を扱っている人たちに直接会って、いろいろと話を聞かせてもらいました。このときにお世話になったのが一九九三年の伊勢神宮の遷宮で総棟梁を務めた宮間熊男さんと、たたら製鉄の総責任者役である村下の木原明さんです。

二人はいまでこそ技術を伝達する師匠の立場にありますが、かつてはそのまた師匠から教えを受けてきたわけです。その二人が弟子のあるべき態度として、まったく同じことを話していたのが非常に印象的でした。

二人の話のポイントを整理すると、先輩に教えを請う態度としては、我を通すようなことは決してせず、なによりも**示されている手本を真似る努力を愚直に行うのが一番**ということになります。それでいて**面倒なことを自分から買って出るくらいのやる気を見せて、「あいつは見込みがある」というふうに先輩に思わせることも大事**だということです。

このように一生懸命努力している後輩は、やっていることが多少危なっかしくても先輩からは好ましく見えます。その後輩が真剣に質問をしてくれれば先輩は自ずと真剣に答えるようになるし、壁にぶつかっていればさりげなくアドバイスをして手助けしてくれるようになるというわけです。

先輩との三つの対話法

師匠や先輩に教えを請うというと、多くの人は手取り足取り教わる姿を想像するかもしれません。しかし、わからないことをなんでもかんでも先輩に質問し、その都度答えを得るというのは最も低レベルのやり取りであまり感心できません。これは初心者のうちこそ許されますが、そのような聞き方を続けていると自分のレベルも上がらないですし、やがては誰からも相手にされなくなってしまうでしょう。

教えを請うときのやり方には、レベルによって三段階があるように思います。第一段階は、いま紹介した、先輩が目の前にいてわからないことを直接聞くレベルです。まだ技術のなんたるかもわからない初心者レベルでは、このようなやり取りをするしかありません。ただし、このような方法で教えを請うときには、きちんと見守ってくれる先輩が必ず必要になります。

第二段階は、基本的に自分で問題を解決し、本当にわからないことについてだけ先輩に聞くレベルです。これには、先輩に疑問をぶつけることを仮定して自分で考え、先輩からどのような答えが返ってくるかを自分で想像しながら答えを見つけるというやり方も含まれます。

この方法は、なるべく自分で考えながら答えを見つけるのが特徴です。先ほど話題にした伊勢神宮の宮大工やたたら製鉄など伝統技術を扱う現場では、ほとんどがこのやり方で技術の伝達が行われています。こうしたやり方をすると、目的意識を持って自分で行動しながら技術を獲得することになるので、高いレベルの技術を正確かつ早く習得できるようになります。

なお、自分で動いて答えを見つけるというのが基本だとすると、一見すると先輩はいらないように思えます。しかし、自分が出した答えが正しいかどうかの判断は自分自身ではできません。そこで自分の答えを確認するために、先輩の手助けを借りることになるのです。

第三段階は、優れた先達に思いを馳《は》せ、想像の世界の中でその人と対話をしながら技術を獲得するレベルです。これは最も高いレベルの技術の伝達法で、この場合は必ずしも生きている先輩がいる必要はありません。

現実には、このようなシチュエーションはあまりないように思われるかもしれません。しかし、伝統技術を扱う現場では、長い間技術を守ってきた人が後輩にすべての技術を伝授する前にこの世を去るということはよくあります。しかも、一般の製造業の現場とちがって、彼らは技術に関する知識をマニュアルなどの文章にして残したりしていません。こうなると、熟練した技術者がいなくなるとともに技術そのものが消えることになりかねません。

それでいて実際には後世にきちんと技術が伝わっているのは、想像の世界の先達と対話をしながら答えを見つけることのできる優れた後継者がいるからなのです。ちなみに、このように伝達された技術は、過去のものと同じように見えて実際はまったくちがいます。それは伝えられたというより、優れた後継者の手によって再びつくり上げられたといったほうがいいでしょう。しかも、自分で考えながら答えを出してきているので、時代の移り変わりによって生じた条件の変化にも応えられるものになっています。だから、技術の中身は過去のものよりもはるかにしっかりしたものになっています。

技術を伝えるというのは、このようなことではないかと私は考えています。表面的な知識さえ伝わればそれでいいというものではないのです。しっかりとした後継者に委ねられた技術は、時代の変化に合わせて進歩をし続けることができます。技術の獲得を目指している人たちは、ぜひともそのような優れた技術の担い手になることを目標にしていただきたいと思います。

「技術を伝える」を巡るおまけの章

この章では、本書のテーマとは若干離れて、「技術を伝える」ことに関して最近私の頭の中に浮かんだことを、トピックとして「おまけ」という形で入れてみました。

おまけ1…消えたほうがよい技術もある

世の中の多くの人は、技術はどんどん進歩するのだから広く周囲に伝達することが正しいと考えています。しかし、実際にはそのことが正しくないケースも多々あります。もともと技術というのは人間が生きていくために使う方策にすぎません。その意味では、進歩が必要とされなければ進歩しないほうがいいこともあるし、そのためには技術が伝わらないほうがいいこともあるのです。

私の友人はかつて建設機械の油圧ショベルの開発に携わっていました。日本ではまだ油圧ショベルが普及し始めたばかりで、ケーブル式ショベルが主力だった時代の話です。当時のケーブル式ショベルは、クラッチ式の自動車を複数台同時に制御するような操作の難しい機械でした。一方の油圧ショベルはヨーロッパを中心に様々なタイプのものが乱立し、日本国内では海外との技術提携によって様々なタイプのものを製造・販売していたという状況で、そんな時代に新しい技術への挑戦ともいえる油圧ショベルの自主開発に会社として取り組んだのはある意味では画期的なことでした。

その後、技術革新が進んで建設機械の油圧化が一気に進んだことを考えると、この挑戦が正しかったのは疑いの余地がありません。しかし、そこに至るまでの過程は決して平坦《へいたん》ではなかったようです。この友人が最もショックだったのは、新しい技術に挑戦している間、社内のケーブル式ショベルの設計者たちから「油やホースで動く建設機械なんか軽作業にしか使えない」「そんなおもちゃみたいなものは建設機械とは呼べない」などと、感情的とも思える厳しい批判を多々受けたことです。

ケーブル式ショベルの設計者らのこうした主張は、おそらく技術革新に対する恐怖から来る抵抗だったのでしょう。しかしこの抵抗は建設機械の技術全体から見てもマイナスですし、同じ社内であってはならないことです。当時は全体の流れとして油圧化に向かい、すべての建設機械が油圧化されるまでにそれほど時間もかかりませんでした。その中でいかにも自分たちの領域を守るための批判を行うのは、単に見苦しいというだけでなく、全体の技術の進歩を妨げることにしかなりません。

技術の専門家というのは、このように自分の立場を守りたいがために、結果として技術の進歩を妨げることを平然と行いがちです。その気持ちはわからなくもありませんが、そのことで自分自身が技術革新への大きな抵抗勢力となっているのはいただけません。このような人が扱っている技術は、とても後世に伝える価値があるとはいえないでしょう。

本当に価値のある技術なら、新しい技術が出てきてもその場にとどまって改良によって生き残る道もあるはずです。場合によっては、別の場所で活躍する道を選ぶという選択肢もあります。それができないのは、その技術が後世に伝える価値がないということを意味しているのです。時代の変化に対応できないだけならまだしも、進歩の邪魔をするというのであれば、そのような技術は誰かに伝えることをせずに消えていったほうが世の中のためになるというものです。

おまけ2…技術を伝えないという選択

技術はほうっておくと、時間とともに空間を超えて広がっていく性質をもっています。企業においてこの技術のもつ性質が自社の収益と相反する場合、企業はどのような行動をとるべきでしょうか。じつは近年、日本の多くの企業が直面している技術流出の問題がこれです。

もちろん、一つの企業内で考えると、優れた技術をしっかりと使いこなし、さらに発展するためには次の世代にきちんと伝達することが不可欠です。しかし、これはあくまでも社内にかぎった話で、自社の利益を守るためにはむしろ社外には伝わらないほうが得策ということも多いのです。外部に技術を伝えたために自分たちが競争に負けたなどということになると、それこそ目も当てられなくなります。そこで技術は生きていくための手段であると割り切って、「外部に流出させない」という判断も時には必要になるのです。

以前、技術に関する議論を一年に一度のペースで行っていたアメリカのジレット社の開発責任者から「一度アメリカの工場を見に来てください」と誘われたことがあります。ジレット社は安全カミソリの製造を行っている会社ですが、私も一度見に行きたいと思いつつなかなか機会がつくれず何年も行けませんでした。

ある年のこと、ようやくアメリカに行く機会があったので、工場見学の件をあらためてお願いしたところ、意外にもあっさり断られてしまいました。

先方がいうには、工場内を部外者に見せれば経営者が懲罰を受けるだけでなく、株主代表訴訟を起こされれば、外部に情報を漏洩《ろうえい》した罪で多額の賠償金を支払わなければならなくなったということです。アメリカ国内ではそうした風潮が広まっていて、ちょうど私が連絡した二ヵ月ほど前から、同社もすべての見学を断る方針を会社として決めたというのです。もちろん、これには例外があって、見学者に見せたことがジレット社にとって大きな利益につながることが証明できれば問題はないそうです。とても残念でしたが結局見学はあきらめざるを得ませんでした。

アメリカではこのように、自社の利益を守るために情報を一切外に出さない方向に進んでいます。それはかなり徹底していて、技術を外部に流出させない方策の一つとして従業員と守秘義務契約を交わしたり、退職者が他企業に再就職しても秘密を漏らさない誓約書を書かせたりしている例もあります。そして、実際に秘密を漏らした人に対しては裁判所に訴え、損害賠償を請求しているのです。大切な技術を守るためには、そこまで徹底しているのです。

それでは外部に技術を伝えたくないときにはどのような姿勢で臨めばいいのでしょうか。

私は「三ナイ」の考え方が必要だと思っています。「三ナイ」とは、「見せナイ、喋《しゃべ》らナイ、触らせナイ」の三つです。自分の持っている技術を誰かに、見せない、喋らない、触らせないを厳守するということです。ここでいう「見せナイ」は製品のことではなくそれを生産する現場のことです。「喋らナイ」はなにをどう考えて製品をつくったかという企画を指しています。そして、最後の「触らせナイ」は、生産手段である製造機や道具に触らせないことを意味しています。

この中でもとくに重要なのは「触らせナイ」ことです。すぐれた技術者なら機械を見ただけである程度システムがわかってしまいますが、本当の意味で理解できるのは直接手に触れて一つ一つの部品の強さ、あるいは動いているときの熱の伝わり具合、振動などを実感した瞬間です。そしてそれさえ実感できれば、あとで同じような機械をつくりだすことは、すぐれた技術者にとりそれほど難しくないのです。

ですから三ナイを徹底しないかぎりは、魅力のある技術ほどすぐに他国、他企業に伝わることになると覚悟しなければいけません。たとえば、半導体を扱う日本の会社は以前、何でも見せたり喋ったりしながら製造装置を外国企業に販売していました。それが仇《あだ》になって日本の半導体産業はいまや台湾や韓国に追い抜かれてなすすべもなくなっているのは周知のとおりです。それはとくにコンピュータのメインメモリーのデータ記憶部品として広く使われているＤＲＡＭにおいて顕著ですが、これはこれまですべてをオープンにしてきた結果なのです。

ちなみに、半導体産業におけるこのような失敗への反省から、最近では日本でも見せない、喋らない、触らせないを徹底する会社が見られるようになりました。液晶産業の大手、シャープなどはその典型です。同社は以前こそ工場見学を広く許していましたが、現在では外部の人に工場内を公開するのをやめて、「見せナイ、喋らナイ、触らせナイ」を貫いています。そもそも多くの企業がコストダウンのために人件費の安い海外に生産拠点を移している中で、あえて生産を三重県の亀山工場で行っているのもそのためです。国内に生産拠点を置くことで、情報流出の危険を回避しているのです。またキヤノンなどは最近、国内に生産拠点を戻そうとしています。

日本の製造業の多くはいま、生産拠点を人件費の安い中国などのアジア諸国に移し、大事な技術を「見せる」「喋る」「触らせる」というのをわざわざ出前で行っています。それに対して万が一でも「どうせ彼らに真似できるはずがない」と思っていたとしたら、それは驕《おご》りにすぎません。そのツケはすぐに自分たちに回ってくるでしょう。

おまけ3…エレベーター事故で考えたこと

二〇〇六年六月に死亡事故を起こしたエレベーターの問題は、私に技術の伝達についていろいろ考えさせる機会になりました。

事故は東京都港区の高層共同住宅で起こりました。エレベーターに自転車ごと乗っていた高校生が後ろ向きで降りようとしたところ、ドアが開いた状態のまま突然エレベーターが上昇し、高校生はエレベーターのカゴと建物の間に挟まれたというのがおよその経緯です。エレベーターに乗っていた高校生は亡くなりましたが、事故原因についてははっきりしていません。しかし、おそらく制御系の異常ではないかと私は見ています。

この事故が世間に衝撃を与えたのは、誰もが「エレベーターは安全なもの」という認識でいたからです。ところが、現実には事故機においては三年も前から故障が多発していたし、その後の調査で、事故機以外のメーカーのエレベーターでもトラブルが頻発していたことがわかりました。そのことを考えると、安全と思われていたはずのエレベーターの技術にどこかおかしな点があったと見るのが妥当ではないでしょうか。

ちなみに、先の事故の後、私は事故機と同型のシンドラー社のエレベーターを見る機会がありました。このエレベーターは、モーターの先にブレーキドラムがつながっていて、開閉のためのアクチュエータが付いたブレーキシューで閉じることができる仕組みになっています。このようなメカニカル構造は、最もトラブルが少なく信頼性が高いように私には見えました。それと報道で知った事故機は、もともと不自然な動きを繰り返していて、住民は乗る気がしなくなるような危うさを感じながら利用していたという情報とを合わせると、原因はメカニカルな問題ではなく、やはり制御系の問題ではないかと考えました(この時は制御系は、外部から見られるだけで、その詳細はわかりませんでした)。

私が推測した制御系の問題はおよそ三つありました。それはコンピュータプログラム中のバグとコンタミネーション(汚れ)によるICの不良、それからプリント基板の劣化です。その中でもコンピュータプログラム中のバグというのが最も可能性が高いというのが私の見方でした。

日本のエレベーターは現在マイコンによって制御されています。エレベーターはマイコンによって安全な動作以外はしないようにコントロールされており、事故を起こさないようになっているのです。にもかかわらず、事故やトラブルが相次いでいたということは、マイコンのなかにデバッグ（バグを取り除くこと）が十分にできていないプログラムが組み込まれていた可能性が大きいと思ったのです。

私は当初、今回の事故は、歴史のあるヨーロッパでの古いエレベーター制御技術（シンドラー社はスイスに本社がある一八七四年誕生の会社）を日本に技術移転して、高度かつ精緻《せいち》につくられた日本のマイコンシステムに組み込む際に、ヨーロッパでは当たり前でも日本のマイコンには不十分な記述の仕方でつくってしまったことで、結果として危険な製品ができてしまったのではないかと考えました。つまり海外からの技術移転の際、回転ドア事故と別の意味で技術の系譜が欠落したまま、技術が伝わってしまったのではないかと推測したのです。

しかしその後、自分なりに調査を続けると、私の見方が少し間違っているのではないかと思うようになりました。というのは、事故のあったエレベーターは、日本国内で買収した一昔前の日本のメーカーの技術をそのまま使っていたということを聞いたからです。詳細はわかりませんが、このエレベーターは最も初期のマイコンで制御されていたのではないかと私は考えています。

マイコン導入初期の時代は、従来メカニカルな制御で行われていたものが便利なマイコンが使えるようになったので、何でもかんでもマイコン制御に置き換えてしまえという風潮がありました。そのため安易にマイコンへの置き換えが行われたために、見えないバグを内包している制御系ができあがり、そのまま使われていたところに、今回の事故はおそらく、制御板に関係する配線などに、外からの電波や電圧変動などといったなんらかの外乱が影響を与えて起こったものと推測しています。

私は古い技術イコール危険とは思いません。また当初推測したように、最新のマイコン制御には私が予測したような危険は潜んでいると考えています。

しかし今回は、様々な技術が、それを発達させる地域や文化の差などによって伝わらないことが事故の原因になるということもあることを再認識するケースとなっているのではないでしょうか。

おわりに

たとえば、あなたがラブレターを書くとき、「あなたのことが好きで好きでたまらない」というように自分の思いを感情にまかせて綴った手紙を送ったとします。このような手紙をもらって喜んでくれるのは、最初からこちらのことを好きだと思ってくれている相手だけでしょう。好きでも嫌いでもない人からこのような手紙をもらったら、たいていの人はむしろ「やたらと押しつけがましくてかなわない」といった悪い印象を持つのではないでしょうか。

もしもこのとき、相手が自分でも一番好ましいと思っている部分やいいと思っているところを評価し、その上で「あなたのそういうところが好きです」というふうに書いたとします。もちろん、それだけで相手もあなたのことを好きになってくれるとはかぎりません。しかし、自分の良いところを見てくれていることがわかれば、少なくとも相手はそのラブレターの文面は好意的に受け入れてくれるでしょう。少なくとも前者の例よりも、うまくいく可能性ははるかに高いでしょう。

もちろん私はここで、ラブレターの書き方を教えましょうというつもりはありません（そんな柄でもありませんし）。いまの話を通じて言いたかったのは、技術を伝えるときにせよ、自分の意思や感情を相手に伝えるときにせよ、大切なことはまったく同じだということです。つまり、相手が受け取ってくれない形のままで伝えることをいくらやってもダメで、どんな場合、自分の伝えようとする中身を相手が受け取ってくれる形に再構築しないことには絶対に伝わらないのです。

そして、そのためには、「相手の立場になって考える」「相手から見える景色を想像する」ということが大切なのです。

繰り返しになりますが、私が本書で示した考え方や方法論は、技術の伝達だけでなくいろいろな伝達の場面で使うことができます。

何かを伝えることで、相手と豊かなもの、温かいものを共有することができればそれは素晴らしいことだと思います。本書に書いたエッセンスが、そのささやかな助けになれば筆者として非常にうれしいことです。

二〇〇六年十二月

畑村洋太郎

N.D.C.002 189p 18cm
ISBN4-06-149870-3

講談社現代新書 1870

組織《そしき》を強《つよ》くする 技術《ぎじゅつ》の伝《つた》え方《かた》

二〇〇六年一二月二〇日第一刷発行

著者 畑村洋太郎《はたむらようたろう》

発行者 野間佐和子

発行所 株式会社講談社

東京都文京区音羽二丁目一二—二一 郵便番号一一二—八〇〇一

電話 出版部 〇三—五三九五—三五二一

販売部 〇三—五三九五—五八一七

業務部 〇三—五三九五—三六一五

装幀者 中島英樹

印刷所 凸版印刷株式会社

製本所 株式会社大進堂

定価はカバーに表示してあります Printed in Japan

「講談社現代新書」の刊行にあたって

教養は万人が身をもって養い創造すべきものであって、一部の専門家の占有物として、ただ一方的に人々の手もとに配布され伝達されうるものではありません。

しかし、不幸にしてわが国の現状では、教養の重要な養いとなるべき書物は、ほとんど講壇からの天下りや単なる解説に終始し、知識技術を真剣に希求する青少年・学生・一般民衆の根本的な疑問や興味は、けっして十分に答えられ、解きほぐされ、手引きされることがありません。万人の内奥から発した真正の教養への芽ばえが、こうして放置され、むなしく滅びさる運命にゆだねられているのです。

このことは、中・高校だけで教育をおわる人々の成長をはばんでいるだけでなく、大学に進んだり、インテリと目されたりする人々の精神力の健康さえもむしばみ、わが国の文化の実質をまことに脆弱なものにしています。単なる博識以上の根強い思索力・判断力、および確かな技術にささえられた教養を必要とする日本の将来にとって、これは真剣に憂慮されなければならない事態であるといわなければなりません。

わたしたちの「講談社現代新書」は、この事態の克服を意図して計画されたものです。これによってわたしたちは、講壇からの天下りでもなく、単なる解説書でもない、もっぱら万人の魂に生ずる初発的かつ根本的な問題をとらえ、掘り起こし、手引きし、しかも最新の知識への展望を万人に確立させる書物を、新しく世の中に送り出したいと念願しています。

わたしたちは、創業以来民衆を対象とする啓蒙の仕事に専心してきた講談社にとって、これこそもっともふさわしい課題であり、伝統ある出版社としての義務でもあると考えているのです。

一九六四年四月　野間省一